大学生创业教育有效性研究

兰文巧 ◎ 著

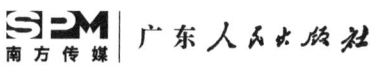

·广州·

图书在版编目（CIP）数据

大学生创业教育有效性研究 / 兰文巧著 . —广州：广东人民出版社，2023.1
ISBN 978-7-218-16000-9

Ⅰ . ①大… Ⅱ . ①兰… Ⅲ . ①大学生—创业—教育研究 Ⅳ . ① G647.38

中国版本图书馆 CIP 数据核字（2022）第 175872 号

DAXUESHENG CHUANGYE JIAOYU YOUXIAOXING YANJIU
大 学 生 创 业 教 育 有 效 性 研 究
兰文巧　著　　　　　　　　　　　　　版权所有　翻印必究

出 版 人：肖风华

责任编辑：王庆芳　范先鋆
责任技编：吴彦斌　周星奎

出版发行：广东人民出版社
地　　址：广州市越秀区大沙头四马路 10 号（邮政编码：510199）
电　　话：（020）85716809（总编室）
传　　真：（020）83289585
网　　址：http://www.gdpph.com
印　　刷：广东虎彩云印刷有限公司
开　　本：787 毫米 × 1092 毫米　1/16
印　　张：9.25　　字　　数：215 千
版　　次：2023 年 1 月第 1 版
印　　次：2023 年 1 月第 1 次印刷
定　　价：48.00 元

如发现印装质量问题，影响阅读，请与出版社（020-85716808）联系调换。

本书系2016年国家社会科学基金教育学青年课题"创业领导力视角下大学生创业教育有效性研究：基于'2015年大学生创业英雄100强'群体的追踪"（项目批准号：CIA160221）的研究成果。

自　　序

创业教育和创业人才培养是当下高等教育的热门话题，也是当下高等教育的重要实践。大学生要成长为国家栋梁之材，既要读万卷书，又要行万里路，而创业教育恰好能给予大学生充分的实践机会，做到以实践育人。

本书以考察大学生创业教育有效性为目标，在系统梳理创业教育和创业学相关文献的基础上，采用规范科学的分析方法，运用主流质性分析软件，对特定大学生创业群体进行追踪，发现了大学生创业教育对大学生创业领导力的影响规律，提出了提升大学生创业教育有效性的策略。

本书的主要特点有二：

一是科学的研究方法。本书通过案例追踪发现了大学生创业领导力的情境化特征，剖析了变量之间独特的因果关系，同时，本书利用 CiteSpace 软件、WIS 词云分析系统、ATLAS.ti 软件、NVivo 软件、SPSS 软件等质性分析工具，对收集到的定性资料做了定量分析，对创业教育有效性进行了抽丝剥茧式的研究，得到了创业教育上的一些全新启示。

二是创新的研究视角。本书从受教育者角度研究创业教育有效性，将创业教育评价从"以教论教"的传统标准向"以学论教"的时代标准转变，从教与学的互动关系着手，从受教育者视角审查创业教育的有效性，再去评价和调整创业教育实施过程，更有助于实现创业教育与学生创业能力发展的有效融合。

笔者希望本书能拓展创业教育的研究视野和范畴，例如：开展东西部高校、东北地区高校和南方沿海地区高校创业教育有效性、大学生创业能力的比较研究；重点研究创业教育的政策机制或生态体系问题，研究如何采取更超常规的人才政策，吸引并将人才留在东北地区创业、就业。

创业教育是高等教育的延伸与补充，是培养新时代大学生创业者的有效途径，大学生创业梦想的起点依托于高校创业教育。本书收录了笔者近几年了解或亲历的"大学生创业英雄"一手案例，试图以真实的创业素材给国内创业学和创业教育研究提供鲜活线索和启发思路。在创业企业不同发展阶段，大学生创业领导力是如何体现的？什么样的创业教育可以有效培养和提升大学生的创业领导力，并促进其创业可持续发展？相信在本书里能找到这些问题的答案。希望本书描述的创业企业成长情境能对大学生创业者有所裨益，也希望本书提出的有关提升创业教育有效性的对策能引起政府部门和高校重视。

兰文巧

2022 年 9 月

前　言

20世纪80年代末联合国教科文组织首次提出"创业教育"概念后,创业教育成为世界高等教育改革的新方向。目前,创业教育在我国高校不断推广普及并逐步形成体系,随着大学生创业群体的不断扩大,自主创业成为大学生就业的重要途径之一。高校创业教育作为一种教育行为,到底应该依据什么来衡量其效果?是大学生创业的比率,还是大学生创业的成功率,抑或是观测大学生的创业能力是否得到了提高?而大学生的创业能力又如何衡量?是看大学生的创业意愿,还是考量其创业行为,又或是根据其所创企业的绩效?不管是从教育管理层面还是学校操作层面,从理论研究层面还是实践检验层面看,抑或就创业教育的施教主体和受教客体而言,大学生创业教育的有效性不仅是一个备受关注的议题,也是一个具有理论和现实意义的话题。

本书以考察大学生创业教育有效性为目标,在系统梳理创业教育和创业学相关文献基础上,以大学生创业领导力五能力、创业企业生命周期四阶段、创业教育要素四维度、创业能力二元性为理论依据,采用规范科学的分析方法,运用主流质性分析软件,对特定大学生创业群体进行追踪,发现了大学生创业教育对大学生创业领导力或创业能力的影响规律,提出了提升大学生创业教育有效性的建议。主要解决了以下问题:

(1)大学生创业领导力在其所创企业不同发展阶段是如何体现的?

(2)在创业企业不同发展阶段,大学生之前所接受的创业教育对其创业领导力是否产生了影响?影响程度如何?

(3)什么样的创业教育可以有效培养和提升大学生的创业领导力,并促进其创业可持续发展?

全书共分为七章:

第一章为绪论,主要介绍了研究背景和研究意义,阐述了基于大学生创业领导力研究创业教育有效性的价值,提出了研究内容与研究方法。

第二章梳理了理论基础,对创业教育进行概念溯源和概念辨析,将视创业领导力为领导创业的能力和视创业领导力为基于创业视角的领导行为两种理论观点进行了对比,介绍了爱迪思企业生命周期理论及企业生命周期的划分标准,并对教育有效性的考量及评估两类理论进行了整理。

第三章着重阐述了创业教育的相关概念,特别是对核心概念进行了较明确的探讨,合理界定了大学生创业教育有效性、大学生创业领导力的概念,分析了两个概念之间的联系与区别,利用CiteSpace软件梳理了相关研究脉络,追踪研究前沿和研究热点,进行了研究述评。

第四章从创业教育客体,即受教育者视角进行个体追踪,探索大学生创业教育的有效性。通过对个体创业历程及创业领导力的追踪,考察了创业企业不同发展阶段创业者的创业领导力、创业教育的有效性、创业教育对创业者创业领导力的有效性、创业者对创业教育有效性的认知,得出了研究结论,即创业领导力的培养要点是机会相关能力,创业教育的根本在于培养学生的创业心态,有远见的创业教育应培养学生的社会责任感。同时,本章还有一个重要的发现——创业能力更能全面考察创业教育有效性,这也为第五章进一步拓宽群体研究的视野奠定了基础。

第五章从创业教育客体,即受教育者视角进行群体追踪,探索大学生创业教育的有效性。通过 WIS 词云分析系统、ATLAS.ti 软件、NVivo 软件、SPSS 软件等质性分析工具,挖掘了大学生创业教育对大学生创业领导力或创业能力的影响路径和作用机制。有两个重要发现:一是在企业不同发展阶段,大学生创业领导力五方面能力的表征不同、重要程度不同,因此高校创业教育在培养大学生领导力上的侧重点应有所不同;二是创业教育各要素在培养大学生二元创业能力上的有效程度不同,因此高校在实施创业教育时,对创业教育各要素的投入程度应有所区别。

第六章从创业教育主体,即教育者视角进行反观,描述和分析了高校创新创业教育自评文本中的结果指标、过程指标、结构指标的呈现情况,发现了高校创业教育价值取向影响其创业教育实施行为的现象,换言之,高校所秉持的创业教育目标影响其对"什么样的创业教育才是有效的"这一问题的判断和随之采取的行动。因此,创业教育评价须对价值取向和指标权重进行平衡。

第七章归纳了研究发现,从价值层面提出了创业教育有效性的评价视角、评价内容、评价主体上的一些启示,并从技术层面提出了基于创业教育实践平台、课程体系、师资队伍提升创业教育有效性的可操作性建议,概括了创新点,总结了研究不足,对未来研究进行了展望。

兰文巧
2022 年 9 月

目　　录

第一章　绪论 ·· 1
　第一节　问题提出 ·· 1
　　一、研究背景 ··· 1
　　二、研究问题 ··· 2
　　三、研究意义 ··· 2
　第二节　研究内容与研究方法 ·· 4
　　一、研究内容 ··· 4
　　二、研究方法 ··· 4

第二章　理论基础 ··· 7
　第一节　创业教育 ·· 7
　　一、创业教育概念溯源 ··· 7
　　二、创业教育概念辨析 ··· 9
　第二节　创业领导力 ··· 10
　　一、领导创业的能力 ·· 10
　　二、基于创业视角的领导行为 ·· 11
　第三节　企业生命周期 ·· 13
　　一、爱迪思企业生命周期理论 ·· 14
　　二、企业生命周期划分标准 ··· 15
　第四节　教育有效性 ··· 16
　　一、教育有效性的考量 ··· 16
　　二、教育有效性的评估 ··· 17

第三章　核心概念 ··· 18
　第一节　大学生创业教育有效性 ·· 18
　　一、概念界定 ··· 18
　　二、研究述评 ··· 21
　第二节　大学生创业领导力 ··· 36
　　一、概念界定 ··· 36
　　二、研究述评 ··· 37
　第三节　创业教育有效性与大学生创业领导力 ································· 41

一、概念联系与区别 ………………………………………………………………… 41
二、研究述评 ………………………………………………………………………… 41

第四章 大学生创业教育有效性的客体评价——基于个体的追踪 43
第一节 追踪对象 ………………………………………………………………………… 43
第二节 研究方法 ………………………………………………………………………… 44
一、个案研究 ………………………………………………………………………… 44
二、追踪研究 ………………………………………………………………………… 45
第三节 个体创业历程及创业领导力追踪 …………………………………………… 47
一、创业历程与企业生命周期 …………………………………………………… 47
二、企业创始人创业领导力追踪 ………………………………………………… 52
第四节 创业教育有效性的个体考察 ………………………………………………… 55
一、创业企业不同发展阶段大学生创业者创业领导力分析 ………………… 55
二、创业企业不同发展阶段创业教育的有效性分析 ………………………… 57
三、创业教育对创业者创业领导力的有效性分析 …………………………… 58
四、创业者对创业教育的情感分析 ……………………………………………… 58
第五节 个体追踪研究总结 ……………………………………………………………… 59
一、大学生创业领导力的培养要点是机会相关能力 ………………………… 59
二、创业教育的根本在于培养大学生的创业心态 …………………………… 61
三、创业教育应培养大学生的社会责任感 ……………………………………… 62
四、创业能力更能全面考察创业教育的有效性 ………………………………… 63

第五章 大学生创业教育有效性的客体评价——基于群体的追踪 64
第一节 创业教育有效性视角下的创业能力 ………………………………………… 64
第二节 基于能力二元性的思考：创业能力能否通过创业教育培养 ………… 65
第三节 创业教育有效性群体追踪的 WIS 词云分析 ……………………………… 68
第四节 创业教育有效性群体追踪的 ATLAS.ti 软件分析 ……………………… 70
一、研究方法 ………………………………………………………………………… 70
二、资料收集 ………………………………………………………………………… 70
三、数据编码 ………………………………………………………………………… 70
四、研究结果 ………………………………………………………………………… 71
五、结论与启示 ……………………………………………………………………… 76
第五节 创业教育有效性群体追踪的 SPSS 统计分析 …………………………… 79
一、量表类型与题项 ………………………………………………………………… 79
二、量表信度检验 …………………………………………………………………… 80
三、量表效度检验 …………………………………………………………………… 81
四、数据收集与分析 ………………………………………………………………… 82
第六节 大学生创业领导力群体追踪的 NVivo 分析 ……………………………… 84
一、群体概况 ………………………………………………………………………… 84

二、研究方法···85
　　三、结果分析···88
　　四、创业领导力视角下创业教育的培养目标·····································91

第六章　大学生创业教育有效性的主体反观

第一节　问题提出···93
第二节　研究方法与技术···94
　　一、研究方法···94
　　二、样本选取···94
　　三、文本编码···95
第三节　数据描述与分析···95
　　一、高校创新创业教育自评文本中的结果指标呈现·······························95
　　二、高校创新创业教育自评文本中的过程指标呈现·······························97
　　三、高校创新创业教育自评文本中的结构指标呈现·······························98
第四节　结论与讨论···98
　　一、平衡创新创业教育评价的价值取向···98
　　二、平衡创新创业教育评价的指标权重···99

第七章　总结与展望

第一节　主要结论与发现···100
　　一、创业教育有效性的评价视角问题··100
　　二、创业教育有效性的评价内容问题··100
　　三、创业教育有效性的评价主体问题··101
第二节　提升创业教育有效性的建议··101
　　一、发挥创业教育实践平台的作用··101
　　二、发挥创业教育课程体系的作用··107
　　三、发挥创业教育师资队伍的作用··112
第三节　研究的创新···114
　　一、从受教育者视角评价创业教育有效性··114
　　二、从企业成长视角观察大学生创业能力··114
第四节　研究的不足···115
第五节　研究展望···115

参考文献···116

附录一　"2015年大学生创业英雄100强"基本情况（部分）·····················127
附录二　"大学生创业英雄"结构化访谈提纲·······································130
附录三　创业企业不同发展阶段创业领导力观测量表·····························131
后记···135

第一章 绪 论

第一节 问题提出

一、研究背景

自 20 世纪 80 年代"创业教育"概念被提出后,创业教育在我国高校得到推广普及并逐步形成体系。在此过程中,高校创业教育不断萌生新需求,鉴于此,国家不断出台新政策,积极推动新尝试。

2010 年,教育部明确指出:"要建立在校和离校学生创业信息跟踪系统,收集反馈信息,建立数据库,把未来创业成功率和创业质量作为评价创新创业教育的重要指标,反馈指导高等学校的创新创业教育教学,建立有利于创新创业人才脱颖而出的教育体系。"[①]我国高校创业教育不断加强创新,虽取得积极进展,但也存在教育理念滞后、与专业教育结合不紧密、教学方式方法单一、指导帮扶不到位、创新创业教育体系不健全等一些不容忽视的突出问题。为此,国务院颁布文件,提出"2015 年起全面深化高校创新创业教育改革……到 2020 年建立健全课堂教学、自主学习、结合实践、指导帮扶、文化引领融为一体的高校创新创业教育体系,人才培养质量显著提升,学生的创新精神、创业意识和创新创业能力明显增强,投身创业实践的学生显著增加"[②]。但此时我国教育改革发展仍存在"学生创新创业能力的培养有待加强"[③]的问题。2016 年,教育部开展首批深化创新创业教育改革示范高校(以下简称"示范高校")认定工作,认定北京大学等 99 所高校为"全国首批深化创新创业教育改革示范高校",要求"各示范高校进一步深入推进创新创业教育改革,切实发挥好示范引领作用,努力增强学生的创新精神、创业意识和创新创业能力,全面提高教育教学水平和人才培养质量"[④]。2018 年,教育部再次提出,示范高校要"在更高层次、更深程度、更关键环节上深入推进创新创业教育改革","全力打造一批创新创业教育优质课程、开展一批高质量创新创业教育师资培训、发掘一批'青年红色筑梦之旅'优秀团队,带动全国高校创新创业教育工作取得

---

① 文件来源:《教育部关于大力推进高等学校创新创业教育和大学生自主创业工作的意见》(教办〔2010〕3 号),2010 年 5 月。
② 文件来源:《国务院办公厅关于深化高等学校创新创业教育改革的实施意见》(国办发〔2015〕36 号),2015 年 5 月。
③ 文件来源:《国家教育事业发展"十三五"规划》(国发〔2017〕4 号),2017 年 1 月。
④ 文件来源:《教育部办公厅关于公布首批深化创新创业教育改革示范高校名单的通知》(教高厅函〔2017〕3 号),2017 年 1 月。

新成效、开拓新格局、开创新未来,着力构建中国特色、世界水平的创新创业教育体系"。[①] 2019年,除"在更高层次、更深程度、更关键环节上深入推进创新创业教育改革"外,教育部对示范高校提出"全力打造创新创业教育升级版,引领带动全国高校创新创业教育工作取得新成效"[②]的新要求,工作重点为开展建设创新创业教育优质在线开放课程、建设"专创融合"特色示范课程、开展师资培训活动、开展"青年红色筑梦之旅"活动。2020年,国务院提出,要"支持示范高校基地打造并在线开放一批创新创业教育优质课程,加强创业实践和动手能力培养","提升高校学生创新创业能力"。[③] 2021年,教育部决定组建全国普通高校毕业生就业创业指导委员会,发挥专家作用,围绕全面提升高校毕业生就业创业能力和质量,做好毕业生就业创业研究、咨询、指导、服务和评估等工作。[④]

二、研究问题

2015年9—11月,为在当代大学生中选树一批创新创业典型人物,进一步推动营造"大众创业、万众创新"的良好氛围,团中央学校部、全国学联秘书处、中国青年报社、KAB全国推广办公室联合主办"寻访2015年大学生创业英雄"活动,面向在校大学生创业者和毕业3年内的大学生创业者,经学校推介或个人自荐、组委会资格审查,通过微信公众投票和专家现场评审打分,最终产生了"2015年大学生创业英雄100强"。本书以"2015年大学生创业英雄100强"为样本[见附录一"2015年大学生创业英雄100强"基本情况(部分)],通过追踪大学生创业群体所创企业的发展情况,以及大学生创业群体在企业不同发展阶段的创业领导力水平,探寻大学生创业教育对大学生创业领导力的影响路径及作用机制,从而回答"大学生创业教育如何做才更有效"的问题。

三、研究意义

创业热潮催生创业教育,同时创业教育又促进创业发展,加强创业教育已成为世界教育发展和改革的新趋势。站在国家发展、教育发展与个人发展角度看,持续、大力发展创业教育是建设创新型国家的必然选择,是创业经济时代培养创业型人才的客观要求,也是解决大学生就业难题、缓解社会就业压力的有效策略。回望20余年来中国创业教育理论与实践的发展历程,聚焦高校创业教育评价,科学考察高校创业教育的有效性,对揭示高校创业教育的时代特征、优化高校创业教育体系、培养富有创业能力的人才具有深刻的理论和实践意义。本书富有特色的基于理论的实证研究方法,可为相关理论研究和实践提供借鉴。

[①] 文件来源:《教育部办公厅关于做好2018年深化创新创业教育改革示范高校建设工作的通知》(教高厅函[2018]20号),2018年3月。
[②] 文件来源:《教育部办公厅关于做好深化创新创业教育改革示范高校2019年度建设工作的通知》(教高厅函[2019]22号),2019年3月。
[③] 文件来源:《国务院办公厅关于提升大众创业万众创新示范基地带动作用进一步促改革稳就业强动能的实施意见》(国办发[2020]26号),2020年7月。
[④] 文件来源:《教育部办公厅关于推荐全国普通高校毕业生就业创业指导委员会委员的通知》(教学厅函[2021]2号),2021年1月。

(一)理论意义

从理论层面来看,本书的意义体现在以下三个方面。

第一,对创业能力研究的理论贡献。本书运用交叉学科知识,引入管理学和教育学的研究成果,对创业能力的二元性进行了理论剖析与分解,弥补了创业能力研究视角单一的不足,可为后续相关研究提供理论借鉴。

第二,丰富了创业理论研究的内容。本书发现了创业领导力与创业能力的边界问题,并对创业教育构成变量与大学生创业领导力、创业能力之间的作用关系进行研究,丰富了创业理论,体现出一定的理论创新。

第三,对创业教育研究具有一定的理论贡献。本书基于管理心理、组织行为、企业管理、教育管理理论,把创业教育和创业领导力、创业能力作为多维概念,从受教育者视角考察创业教育多个维度对大学生创业领导力、创业能力的影响效果和作用机制,突破了以往把创业教育和创业能力笼统作为单维概念研究的模式,可为后续相关研究提供思路。

(二)实践意义

从实践层面来看,本书的意义体现为以下三个方面。

第一,对高校创业教育实践的启示。本书引入大学生创业领导力和创业企业成长周期、二元创业能力概念,为创业教育有效性研究提供了新的思考角度,即大学生在所创企业的不同发展阶段,需具备的创业领导力或创业能力不同,创业教育发挥的作用也不同。所以,创业教育要立足创业企业的可持续发展来开展,并在实施过程中根据创业教育政策机制、课程体系、师资队伍、实践平台对大学生创业领导力培养和提升的不同效用有所侧重。

第二,对高校创业教育评价的启示。本书基于个体追踪和群体追踪的研究结果,提出要从技术层面、价值层面提升创业教育实践平台、课程体系、师资队伍建设方面的有效性,可以帮助创业教育实践者思考如何正确评价创业教育有效性的问题,即创业教育的有效性首先要看创业效果,而非创业教育本身,要从"以教论教"的传统标准转向"以学论教"的教育新目标。

第三,扩大了创业教育理论的应用范围。本书基于对实际创业案例的具体考察,不仅发现了创业企业在不同发展阶段对创业者自我觉察能力、建立关系能力、激励他人能力、引领变革能力和掌握企业经营基本原理能力的不同要求,也发现了创业教育在培养学生显性创业能力和隐性创业能力上的不同效果,在一定程度上扩大了创业教育理论的应用范围,即学生可在创业教育中了解创业需要具备哪些能力,以及如何在学校创业教育中获得这些能力。

本书的社会效益预计如下:

①理论研究者可将本书用作创业教育理论、创业领导力理论研究的参考;

②创业教育工作者可将本书用作改进创业教育方法、加强创业教育科学性的实践指导;

③创业教育指导部门可将本书用作创业教育培养效果评估的方法参考;

④大学生可将本书用于评估自己在创业情境下领导力方面的优缺点并获取建议,进而提高创业认知。

第二节 研究内容与研究方法

一、研究内容

本书以案例研究和追踪研究为手段,以管理理论和教育理论为指导,以大学生创业领导力和创业教育为线索,广泛收集创业企业不同发展阶段高校创业教育对大学生创业领导力影响的案例资料,利用多种方法对所得数据进行梳理分析、对分析结果进行总结提炼,并提出对策建议,力求加强对创业教育某些薄弱环节的研究,填补当下大学生创业教育研究的一些空白,使高校创业教育的研究更为深入、完善。本书基本内容如下。

第一,介绍了选题的研究背景、研究问题和研究意义,提出了研究思路和研究方法,并对国内外已有的相关理论进行梳理。

第二,着重对核心概念进行了较为明确的界定。本书合理界定了大学生创业教育有效性和大学生创业领导力的概念,分析了创业教育有效性与大学生创业领导力概念的联系与区别,利用CiteSpace软件梳理了相关研究脉络,追踪了研究前沿热点,同时进行了研究述评。

第三,从高校创业教育主体和客体视角,采用个体追踪和群体追踪的方法,通过WIS词云分析系统、ATLAS.ti软件、NVivo软件、SPSS软件等质性分析工具,开展了以下研究:

①大学生创业教育有效性的客体评价——基于个体的追踪;

②大学生创业教育有效性的客体评价——基于群体的追踪;

③大学生创业教育有效性的主体反观。

第四,从价值层面提出了创业教育有效性评价的视角、内容、主体方面的一些启示,并从技术层面提出了发挥创业教育实践平台、课程体系、师资队伍有效性的建议。

本书的基本研究思路如图1-1所示。

二、研究方法

1.文献研究

首先通过查找、阅读、梳理、归纳和分析大量国内外创业研究和创业教育研究相关文献,基于对个体创业领导力、个体创业能力及高校创业教育发展现状的深入了解,形成了对所要研究问题的初步判断。接着通过进一步梳理、归纳和分析个体创业领导力、个体创业能力和创业教育评价方面的相关经典文献与最新研究成果,确定了研究内容。最后基于文献研究成果,通过严密的理论分析与逻辑推理,构建了以多元创业领导力、二元创业能力理论及创业教育多维因素为理论基础的研究模型。

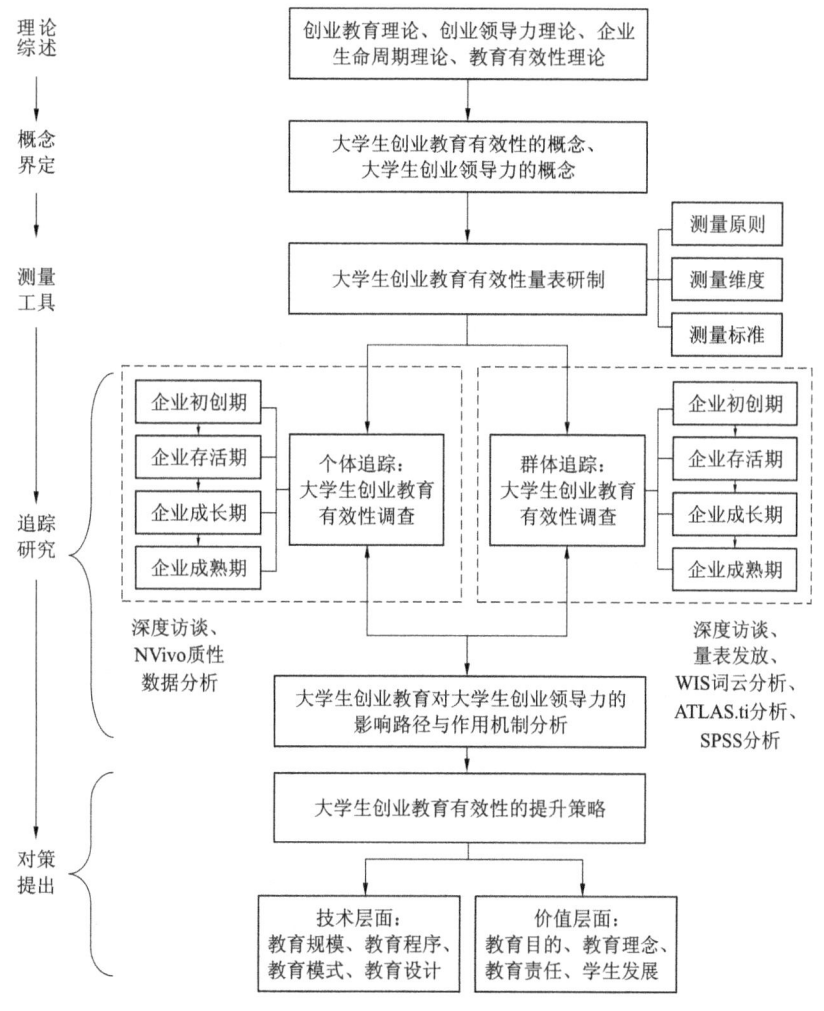

图 1-1 基本研究思路

2. 深度访谈

通过与大学生创业英雄进行深度访谈,进一步明确研究问题,并且根据访谈结果修正了研究模型。

3. 数据收集

本书除通过深度访谈获得数据之外,还收集了"大学生创业英雄"个人事迹材料、学校官方网站信息、媒体公开信息、个人演讲视频、所创企业网站数据、行业报告、个人微信朋友圈信息及问卷调查数据,并通过企查查、爱企查、国家企业信用信息公示系统等网站查询资料。

4. 案例研究

采用案例研究的方法主要是基于本书研究对象来考虑的。从研究对象看,大学生的创业领导力是具有情境化特征的概念,而案例研究是探讨情境化较为恰当的方法,它可通过对典型案例的深入剖析,发现变量之间独特的因果关系。

5.追踪研究

本书采用追踪研究方法,对初创期、存活期、成长期和成熟期创业企业创始人的创业领导力及创业教育情感态度进行了追踪研究,发现了创业企业不同发展阶段大学生创业领导力的变化及创业教育发挥的不同效用。

6.定量分析

本书利用 CiteSpace 软件、WIS 词云分析系统、ATLAS.ti 软件、NVivo 软件、SPSS 软件等质性分析工具对收集到的定性资料做了定量分析,检验了理论假设,得出了研究结论。

7.系统分析

在文献研究、理论推导、实证调查和数据统计分析的基础上,对创业领导力视角下大学生创业教育的有效性进行了系统分析,总结出本书对创业研究和创业教育研究的理论成果,提出了对高校创业教育与大学生创业的实践启示,并指出了研究的不足和未来研究可拓展的空间。

第二章 理 论 基 础

第一节 创 业 教 育

一、创业教育概念溯源

关于创业教育的起源,一种说法是,创业教育始于日本,1938 年日本神户大学藤井开始教授创业方面的课程,这被认为是创业教育的雏形;另一种说法认为创业教育始于美国,其标志为迈尔斯·梅斯于 1947 年在哈佛商学院开设的 MBA 课程"新创业管理"(Management of New Enterprises),这是美国大学创业教育的第一门课程,标志着全球大学生创业教育拉开序幕。[①] 不管起始于哪个国家,创业教育最初都没有形成一个专有名词或特定概念,只是大学中产生了创业教育意识并有意实施了与创业相关的教育行为,这一行为以教授创业相关课程为主要特征。公认的创业教育概念最早由柯林·博尔提出,1989 年在北京"面向 21 世纪教育国际研讨会"上,博尔在其研究报告《创造一种开创性的文化:对教育和培训的挑战》中提出三张教育"通行证"的思想,即"academic credentials"(学术资历)是学习的第一张通行证,"vocational skills"(职业技能)是学习的第二张通行证,"being enterprising"(事业心和开拓技能)是学习的第三张通行证,为了获得第三张"通行证"所进行的教育叫"enterprise education"。三张教育"通行证"思想被写进了会议文件《学会关心:21 世纪的教育——圆桌会议报告》中。"enterprise education"一词最初被翻译为"事业心和开拓技能教育",后来通称"创业教育"。

虽然创业教育的意义较早被认识,但创业教育在大学中并没有得到快速推进,直至 20 世纪 70 年代硅谷兴起才带动了创业教育研究和实践的发展。近 40 多年来,在经济全球化、国际人才竞争加剧的形势下,创业教育在全球迅速发展。以美国、英国和芬兰为例,对三国创业理论和文化背景进行研究发现,关于创业教育概念的界定各国观点各不相同,这些观点通常从三个层面,即系统层面、组织层面和参与者层面,定义创业教育。系统层面侧重从社会经济和教育系统的角度界定创业教育,组织层面侧重创业教育的组织和传播,参与者层面则侧重个体对创业教育的期待。从这三个层面定义创业教育的共同特点是能清楚地回答"谁或者什么才是创业教育的对象"。在美国的相关文献中,创业教育被称作"enterprise education",美国学术界对创业教育的界定主要通过解释"创业"一词实现,且美国学术界对

---

① 田建国.大学教育沉思录[M].济南:山东教育出版社,2010:164.

"创业"同样缺乏明确定义。系统层面的美国创业教育概念强调创业教育在经济发展中的作用,即有效的项目应该培养对经济发展有积极作用的创业者,或把创业教育视为一个终身教育的过程。在组织层面上,美国学术界认为虽然美国一些"学校至职场项目"及"校企合作项目"的确包含创业要素,但这些项目并不是创业教育项目。另外,许多项目虽声称提供的是创业教育,但其强调的教学重点实际上是经济学和企业管理。参与者层面的美国创业教育概念强调如何确定创业教育的内容,也就是人们能从创业教育中学到什么,这一定义最为合适并说明了创业教育的本质。英国也用"enterprise education"表示"创业教育"。20世纪80年代初,英国青年失业率攀升,创业教育概念开始在英国得到广泛关注,《1988年教育改革法》(Education Reform Act 1988)将创业教育作为交叉学科引入国家课程。从参与者层面看,英国创业教育更注重培养个体特质,侧重培养创业特质,力求最终培养出具有创业精神的人。目前,英国对"创业教育"一词的具体含义没有形成统一结论,但创业教育这一概念在英国受到广泛认可,学者凯尔德建议从三方面对创业教育进行界定:以创业为目标的教育活动,与创业相关的教育活动,经由创业进行的教育活动。① 受到英国、美国的共同影响,芬兰相关文献使用的"yrittäjyyskasvatus"一词,既可以被译成"entrepreneurship education",又可以被译成"enterprise education"(两者都可以译成"创业教育")。近年来,芬兰语"yrittäjyyskasvatus"多被译成"enterprise education",不过在文献中也能找到"entrepreneurship education"这种表述,芬兰相关文献关于创业教育的定义均可归为系统层面。在芬兰,开展创业教育被视作一种"国家行为",创业教育被划分为内部创业教育和外部创业教育两类:内部创业教育对个人的工作和生活都非常有益,外部创业教育则传授一些从事商业活动所需要的知识和技能。②

20世纪80年代末期,随着改革开放的日益深入,创业教育理念传入中国,进而在理论、政策及实践方面取得很大进展。1999年,江泽民在第三次全国教育工作会议上的讲话中明确提出:"要帮助受教育者培养创业意识和创业能力。通过教育部门的共同努力,培养出越来越多的不同行业的创业者,就可以为社会创造更多的就业机会,对维护社会稳定和繁荣各项事业就会发挥重大的作用。"这既是中国政府和国家领导人对加强创业教育重要性的科学阐述,同时又包含对创业教育内涵的正确理解,为我们在深化教育改革的过程中加强创业教育指明了方向。③ 2002年4月,教育部高教司召开"普通高校创业教育试点工作座谈会",会议指出"对大学生进行创业教育,培养具有创新精神、创业能力的高素质人才是当前高等教育的重要任务",强调要从实施科教兴国战略高度认识创业教育的重要性,并确定了清华大学、北京航空航天大学、中国人民大学、上海交通大学等9所高等学校为创业教育试点院校,引导试点学校通过不同方式对创业教育进行实践性探索,这标志着中国创业教育正式向体系化推进,是中国创业教育发展过程中的里程碑。④

---

① KENT C A. Entrepreneurship Education[M]. Westport,CT: Quorum Books,1990:185-197.
② 克里斯汀娜·埃尔基莱.创业教育:美国、英国和芬兰的论争[M].汪溢,常飒飒,译.北京:商务印书馆,2017:162-164.
③ 王占仁.中国创新创业教育史[M].北京:社会科学文献出版社,2016:265.
④ 林嵩.创业学:原理与实践[M].上海:上海财经大学出版社,2008:16.

二、创业教育概念辨析

关于创业教育的概念,目前有多种解释,但又难有定论。从创业教育的英文词义看,其概念存在明显区别,"enterprise education"更侧重于创业行为、创业技能和创业特质,"entrepreneurship education"则侧重于小企业经营和企业的创立。即便通常将"enterprise education"作为"创业教育"的来源,但因侧重点不同,产生了不同理解和解释。早期解释"创业教育"一词侧重于"创业",强调创业教育是一种教授创业技能的教学模式,对商业活动的各组合因素进行整合,设计、创办、经营和管理一个企业无疑是创业的主要内容,也是创业教育的重要内容。因此,早期创业教育主要是指对学生创业技能的培养,通过开设课程、提供资金、提供咨询等方式使学生具备创办企业的能力,基本目的是促进学生理解创业、支持创业、从事创业并善于创业。随着创业教育教学研究体系的不断完善,人们发现早期的"创业教育"理念不能涵盖创业教育的全部内容和深刻内涵,于是将"创业教育"一词的重心放在"教育"上。如若"创业教育"一词的重心在"教育",那么要想全面把握创业教育的含义则必须首先理解什么是教育。

《教育大辞典》中关于教育的定义是:"传递社会生活经验并培养人的社会活动。"[①]狭义的教育主要指学校教育,即根据社会要求和受教育者发展需要,有目的、有计划、有组织地对受教育者施加影响,以培养社会或阶级所需要的人的活动;广义的教育指影响人们知识、技能、思想品德等形成和发展的各种活动。创业教育是教育的重要内容,狭义的创业教育应指在学校实施的,通过课程体系、教学内容、教学方法改革,提高学生的创业意识,培养学生的首创精神、冒险精神、独立工作能力,以及社交和管理技能的活动。总之,创业教育鼓励学生自主创业、自我发展,将被动的就业观念变为主动创业。而广义的创业教育有丰富的内涵和广泛的外延:

①创业教育是激励人们开发最大潜能、提高创业素质的,以培养创业型人才为目的的社会活动;

②创业教育不仅是一种对企业、商业、事业等进行规划的教育,而且是一种培养人的创业精神、创业技能的教育;

③通过创业教育,使人们具备从事创业实践活动所必需的知识、技能和素质,从而培养具有开创个性的社会变革参与者。

综上,创业教育的基本内容主要有四个方面:创业意识、创业知识、创业技能和创业素质。[②]

高等教育领域创业教育在狭义创业教育基础上,涵括了广义创业教育的外延,是在大学素质教育基础上融入创业素质基本要求的、具有独特功能和体系的教育,旨在培养学生自主创业的意识和技能。其实质就是使学生形成创业意识,掌握创业基本技能;其核心是培养学生的创业技能和创业精神。高校创业教育被定义为开发和提高大学生创业基本素质、培养

---

① 教育大辞典编纂委员会.教育大辞典[M].上海:上海教育出版社,1990:199.
② 贾霄燕,柏林,王静,等.高校校园文化建设探索[M].石家庄:河北人民出版社,2015:228.

大学生创业教育有效性研究

具备创造精神和创业技能的高素质社会主义现代化建设者的教育,简而言之,即通过课堂教育、社会实践等方式培养能够创业的人才或具备创业技能、创业素质的创新型人才。①

当然,设计、创办、经营和管理一个企业无疑是创业和创业教育的重要内容,但远不能涵盖创业教育的全部内容和深刻内涵。需明确的是,创业教育不等于创业学教育,创业教育不仅仅是教授学生开办企业这种简单的教育行为,不局限于教授学生如何创建新企业、实现企业健康成长、缔造一个优秀乃至卓越的创业型企业,而是以培养具有创业意识、创业精神、创业技能和创业素质的创新型人才为主要目标,对教育观念、手段、方式乃至人才培养模式进行全面改革和创新的教育活动。高校实施创业教育的核心目的有两个:一是增强学生的创业思维与能力,培养创业者,促进创业成功与创业成长;二是增强学生对创业价值与特质的认知,培养创业促进者或服务者。

创业教育鼓励具有优秀企业家潜能的受教育者通过努力成为真正企业家,因此是一种注重实践的教育,其所涉及的教学内容必须是经实践检验的,经教师提炼与加工形成的创业理论精华,是随着实践发展而不断更新的。② 创业本身就是一种"创新",作为实践性很强且具有一定引导作用的教育模式,创业教育应具有科学性、探索性与开创性,这是贯穿整个创业教育过程的特性,也是本书的指导思想所在。

第二节 创业领导力

创业领导力(entrepreneurial leadership)最早由 Ireland 等人提出,是基于公司创业背景的一种特殊形式的领导力概念。③ 目前,学术界主要存在两种不同观点:一种观点将"创业领导力"视为领导创业的能力;另一种观点将"创业领导力"看作"创业"与"领导"的复合概念,将其界定为基于创业视角的领导行为。

一、领导创业的能力

关于创业领导力,一种观点将其视为领导创业的能力,认为其是创业者在领导力基础上形成的领导创业的能力。如果说领导力泛指建立愿景目标、激发他人自信心和热情、确保战略实施的能力,那么创业者的领导力主要表现在什么方面呢?是为新创立的公司设定目标、制定计划,还是建立一个高度自觉和高绩效的工作团队,将技术研发、市场开拓、财务管理等方面的不同人才凝聚在一起形成协同优势,共同完成创业目标?视"创业领导力"为领导创业能力的观点认为,创业领导力是指通过影响他人来进行战略性资源管理的能力,突出表现为机会识别与优势搜寻能力。④ 创业领导力不仅表现为热情、有远见、能激励他人,还表现

---

① 李莉.创业基础实训教程[M].北京:北京理工大学出版社,2015:2.
② 张红专.高职院校学生创业教育研究[M].长沙:国防科技大学出版社,2008:26.
③ IRELAND R D,HITT M A,SIRMON D G. A model of strategic entrepreneurship: the construct and its dimensions[J]. Journal of management,2003,29(6):963-989.
④ COVIN J G,SLEVIN D P. The entrepreneurial imperatives of strategic leadership[M]. Oxford: Blackwell Publishers,2002.

为能够开发和捕捉新商业机会的心态倾向和技能。[1] 创业领导力能帮助创业者识别和开发创业机会,指导团队成员提高绩效,从而实现组织目标。[2]

二、基于创业视角的领导行为

关于创业领导力,另一种观点将"创业领导力"看作"创业"与"领导"的复合概念,将其界定为基于创业视角的领导行为,或称"创业型领导"。这一观点基于创业,强调创业领导力是创业精神和领导力的结合,既能为企业发展提供长远规划及战略思路,又能起到激励和影响下属的重要作用。[3]

伴随着创业企业的发展壮大,创业者和管理者的角色与技能逐渐演变,创业者从直接控制每一个员工转变为控制企业的中层管理人员,他不仅要研究企业战略发展问题,还须从事日常经营活动并进行各种专业化管理。此时,创业者需要一种独特的领导类型——创业领导,这一领导概念内涵融合了创业、创业导向和创业管理,创业领导力则被看作创业者素质的核心,能反映创业者的个体素质、思维方式、实践经验及领导方法,通过确立愿景目标来激发下属参与、支持并实现愿景,最终创造组织的战略价值。[4] 创业型领导是影响公司经营绩效的重要驱动因素,不但具有主动性、创新性、风险承担的行为特征,而且还有技术导向、成就动机和伦理型领导的行为特征。对创业型领导与新创企业绩效之间关系的探索研究显示,创业型领导正向影响新创企业绩效[5],创业型领导必须采取伦理行动构筑合法性才能持续创造价值,实现创业成长[6]。例如,对女性创业领导力形成及效能机制进行研究发现,女性创业领导力对创业组织的财务绩效、创新绩效、社会责任绩效产生显著的积极影响,也对员工个体主动性产生积极影响,特别是女性领导者亲和感对员工变革承诺和个体主动性水平产生积极影响。[7] 基于创业企业文化建设视角的调查和访谈表明,"80后""90后"的创业领导力既有差异性又有共性,这些特征反映了"80后""90后"创业领导力的状态及所创企业可持续发展的潜力,可从文化建设角度培养创业领导力,从文化能力角度挖掘创业领导力,从认知转变角度提升创业领导力。[8]

---

[1] THORNBERRY N. Lead like an entrepreneur[M]. New York:McGrawHill,2006.
[2] RENKO M,TARABISHY A E,CARSRUD A L,et al. Understanding and measuring entrepreneurial leadership style[J]. Journal of small business management,2015,53(1):54-74.
[3] 柯江林,丁群.创业型领导对初创企业员工态度与创新绩效的影响——职场精神力的中介效应与领导-成员交换的调节作用[J].经济与管理研究,2020,41(1):91-103.
[4] 陈艳.小微企业创业领导力开发研究——以石河子市科技型小微企业为例[D].石河子:石河子大学,2015.
[5] 黄胜兰.创业型领导对新创企业绩效的作用机理研究[D].合肥:中国科学技术大学,2015.
[6] SURIE G,ASHLEY A. Integrating pragmatism and ethics in entrepreneurial leadership for sustainable value creation.[J]. Journal of business ethics,2008,81(1):235-246.
[7] 杨静,王重鸣.女性创业型领导:多维度结构与多水平影响效应[J].管理世界,2013(9):102-115,117,187-188.
[8] 兰文巧."80后""90后"的创业领导力有差别吗——基于创业企业文化建设的问卷调查与访谈[J].领导科学,2020(10):64-67.

创业领导力是一种预见力,是企业成长的内在驱动因素,不仅有利于创业者影响利益相关者决策,从而获得认可和资源支持,还有利于创业者影响员工对企业的认知和忠诚度,从而实现人力资源价值最大化。① 创业领导力包括哪些能力呢?具体而言,既包括"冰山上的能力"(如自我认知、有效沟通、高效执行),也包括"冰山下的能力"(如自身卓越性发掘、领导者心态培养)。"冰山下的能力"是创业领导力的重要基础,只有好的"土壤"才能培育出好的果实;而沟通管理等"冰山上的能力"是具体技术和方法,能在相对短的时间内帮助个人提升影响力和魅力。② 对于刚出校门或尚未走出校门的大学生创业者而言,创业领导力不仅是对资源的整合,更是对人的整合,培养创业领导力需注意以下几个方面:①掌握基本领导技巧并以公司利益为导向进行实践学习;②具备有效沟通的能力;③善于分配权力,知人善任;④能合理解决冲突;⑤掌握正确的激励方法;⑥具备正确决策以及解决问题的能力;⑦具备时刻提升和超越自我的能力。③ 戴夫·拉姆齐将"创业领导力"定义为使投资项目发展并能够赚取利润的能力,创业领导者应具备有激情且有服务精神、积极且有远见、诚实廉正且不按常理出牌、工作孜孜不倦且正直可靠、有号召力且不耻下问等特质。④ 根据自己的成功实践经验和对其他创业者的长期观察,德里克发现创业成功者都具有特定的领导力技能,这种技能即创业领导力,包括自我觉察、建立关系、激励他人、引领变革、掌握企业经营基本原理五个方面的能力,而且创业领导力随着创业阶段的推进而转型迭代。⑤

创业者面临的问题基本相似,如缺乏对人性的基本了解、不知道团队的生命周期、沟通时想怎么说就怎么说、只看重任务指标……领导力是决定一个团队能走多远的重要指标之一,而衡量一个创业者的领导力则要看他的痛苦指数,即每创造一百万元价值所付出的让自己和他人痛苦的量。作为领导力的一种,创业领导力能否通过学习得以掌握?毫无疑问,领导力就是工具包,是团队使用和奉行的管理方法和工具,领导力可以学习和复制。⑥

本书借鉴德里克的包括自我觉察、建立关系、激励他人、引领变革、掌握企业经营基本原理五方面能力的创业领导力及其熟练程度划分的理论进行研究。其中,自我觉察能力是指利用自己的动机、特质、技能开展工作并建立个人能力矩阵的能力;建立关系能力是指与他人建立关系,以及让关系变得更加强大的能力;激励他人能力是指激励他人帮助自己成功的能力;引领变革能力是指让人们自愿改变他们一直做得很成功的事情的能力;掌握企业经营基本原理能力是指掌握企业在不同发展阶段所需的领导力。以上五方面能力的具体评价标准见表2-1。

---

① 吕峰,张仁江,云乐鑫.组织原型、创业领导力与科技创业企业成长路径及内在机理研究[J].科学学与科学技术管理,2016,37(6):99-111.
② 同婉婷,范新灿.创业领导力提升与团队组建[M].北京:机械工业出版社,2021:6.
③ 覃玉荣.职业规划能力提升与就业指导[M].成都:电子科技大学出版社,2013:287-290.
④ [美]戴夫·拉姆齐.创业领导力[M].高艳东,译.北京:科学出版社,2012:5.
⑤ [美]德里克·利多.创业领导力[M].龚阿玲,译.北京:中国人民大学出版社,2017:9.
⑥ 樊登.可复制的领导力[M].北京:中信出版集团,2018:4.

表 2-1　　　　　　　　　　　　创业领导力评价标准

技能维度	熟练程度		
	基础级	胜任级	大师级
自我觉察	了解自己的创业动机、特质和技能	对自己的创业动机、特质和技能有较全面认识	对创业动机、特质和技能的自我评估与他人评估一致
建立关系	能和熟悉的人改善关系,但不能轻易建立新关系	在某个阶段至少有一个可以寻求建议的创业领导者或朋友	能了解和识别合作型、竞争型、妥协型关系,并与他人建立强大关系
激励他人	能激励团队成员完成简单的工作目标	喜欢赞赏和激励员工,能用愿景目标激励员工,团队成员愿意追随创业者	在各种压力下仍能采用适当策略,找到少数能与之工作、帮助其实现愿景目标的人
引领变革	不能领导有争议的变革,拖延以得到最低共同目标的结果	所有决策均有助于实现创业者想要的结果,而不只是一个决策	能在各种压力下引领变革
掌握企业经营基本原理	对企业管理相关理念非常熟悉,喜欢读相关创业者的故事	实施企业管理的相关措施,专注发展企业并取得实效	能在各种压力下经营企业并实现企业转型发展

第三节　企业生命周期

生命周期概念源于生物学,目前已被广泛应用于企业管理领域,并形成一个成熟概念——企业生命周期,企业生命周期的实质是借鉴生物学的生命周期理论来研究企业在不同发展阶段所表现出的特征与差异。1965年,美国学者戈登尼尔指出,与人类或植物不同的是,一个组织的生命周期不可粗略预测,一个组织在经历了停滞之后仍有可能恢复生机,并以"如何防止组织停滞与衰老"为题,系统讨论了组织生命力与生命周期问题,创立了早期企业生命周期理论学说。1989年,美国管理学家伊查克·爱迪思较为系统地论述了企业生命周期概念,分析并描述了处于不同生命周期阶段企业的行为特征及存在的问题,提出了针对企业不同发展阶段的爱迪思疗法。此后,众多学者对企业生命周期各阶段的特征及相应管理方法展开研究。不同学者所站角度不同,对企业生命周期的理解和描述也不同。由于研究目的和研究视角存在差异,学者们对企业生命周期所包含的阶段数量的认识也不同。虽然学者们对于如何划分企业生命周期的观点各异,但各种企业生命周期模型中基本都包含了初创期、成长期、成熟期和衰退期四个基本阶段。

毫无疑问的是,学者们的研究目的是相同的,那就是通过确定不同生命周期阶段企业所表现出的特点,分析各个发展阶段企业面临的风险和问题,为处于不同生命周期阶段的企业提供管理参考和依据,帮助企业健康成长。企业生命周期理论被广泛运用于产品开发、营销策略、环境保护、企业管理、行业竞争等领域,成为企业的有效分析手段和管理工具。

一、爱迪思企业生命周期理论

爱迪思在《企业生命周期》一书中指出，企业组织和生物一样，具有固定的生命周期，即出生、成长、老化、死亡，由此，爱迪思把企业生命周期划分为三阶段十时期(图2-1)，即成长阶段(孕育期、婴儿期、学步期、青春期)，成熟阶段(盛年期、稳定期)，老化阶段(贵族期、官僚化早期、官僚期、死亡期)。

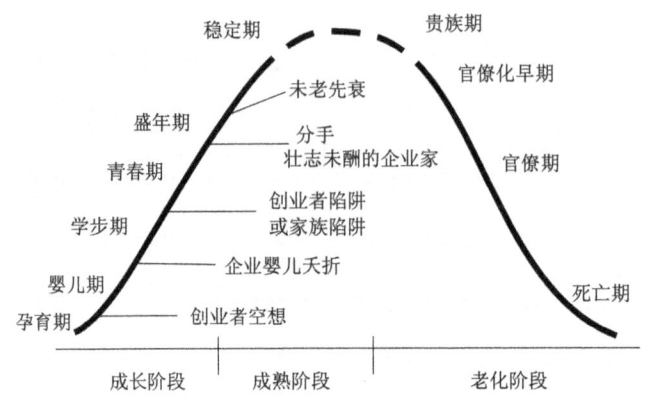

图2-1　爱迪思企业生命周期三阶段十时期示意图①

在成长阶段，孕育期属于企业梦想期，充满创意及可能性，此时存在的问题是创业者对所承担的义务未进行现实性检验、创业者的控制地位不稳固等。婴儿期的企业处于刚成立阶段，就像褪褓中的婴儿一样，抵抗力很弱，企业政策、制度、程序或预算都十分有限，创业者事必躬亲。如果说孕育期只有创业构想，那么在婴儿期构想变成了现实。而到了学步期，创业构想开始真正体现出价值，企业不但克服了入不敷出的困难局面，而且产品或服务开始被市场所接受，企业存活且充满活力。此时，企业存在的问题一是初步成功容易冲昏创业者的头脑，某些初生之犊的创业者觉得自己无所不能，缺乏战略眼光，做出一些不明智的决策与承诺，甚至连一知半解的领域也一头钻进去；二是缺乏系统化制度；三是学步期企业规模逐渐扩大，创业者大多想授权但缺乏科学的授权体系。青春期是企业成长最快的阶段，技术水平和产品设计能力迅速提高，生产成本下降，规模效益开始显现，市场开拓能力也迅速增强，市场份额扩大，企业知名度提升。这一时期的企业像一个正想方设法摆脱家庭、渴望独立的小伙子，其最显著的行为特征是矛盾与缺乏连续性，易出现创业者被排挤出企业、企业陷入多元化扩张陷阱、难以放手让职业化经理人员运营企业等问题。

在成熟阶段，当管理与领导的制度成功建立后，企业便进入企业生命周期中最理想的盛年期，此时企业自控力与灵活性达到了平衡，企业拥有完整的创意政策、规划与监控能力，营业收入与利润持续增长。接着，企业进入稳定期，此时企业依然强健，但开始丧失灵活性，丧失创造力、创新精神及鼓励变革的氛围。稳定期企业成长期望值降低，占领新市场和获取新技术期望值变少，产生变革疑虑。此时，如果创造力沉睡时间过长，就会影响企业满足顾客需要的能力，企业将在不知不觉中进入贵族期。

---

① 石盛林，贾创雄.战略管理：实践、理论与方法——以企业生命周期为主线[M].南京：东南大学出版社，2009：24.

贵族期是企业老化阶段的第一个时期,此时企业具有以下特征:资金多用于控制系统和发放福利;注重形式;企业内部缺乏创新;试图通过兼并其他企业以获得新产品和市场,从而"买到"创新精神。这时企业实际上已开始衰败,逐步走向官僚化早期、官僚期,直至走向死亡期。

二、企业生命周期划分标准

鉴于企业在各个发展阶段所表现出的特征有所不同,准确识别企业所处的生命周期阶段是运用生命周期理论的前提,而企业生命周期的划分标准是确定企业处于哪一发展阶段的依据。观察企业在生命周期各阶段所表现出的特点可以发现,处于不同生命周期阶段的企业,在管理方式、增长速度、组织结构等方面都会表现出不同状态,相应地,识别企业生命周期阶段的参照标准也就应该涵盖这些要素。而现实中的企业可能只有某一项或几项要素符合特定发展阶段的特征,而没有完全符合所处生命周期阶段的全部特征,在确定这类企业所处的生命周期阶段时,就需要结合多方面因素来权衡考虑。目前,对企业生命周期的划分暂未形成统一标准。综合不同学者对企业生命周期的研究,企业生命周期的划分标准大致可分三类。[①]

①以单一定量指标为划分标准,即通过能够反映企业规模变化的数量指标如企业的销售额、资产数量、员工数量等划分企业生命周期。

②以单一定性指标为划分标准。采用这种划分标准的学者认为,企业的管理方式或组织结构是企业成长的决定因素,不同发展阶段的企业应采用相适应的管理方式与组织结构,否则就无法实现企业的可持续发展,因此,企业所表现出的管理风格、所形成的组织结构等定性描述指标就反映出该企业所处的生命周期阶段。

③以综合指标为划分标准,即通过企业在管理方式、组织结构及销售额等方面的多个指标来综合确定其所处的生命周期阶段。

要想确定企业生命周期的划分标准,首先必须找到促进企业成长的原动力。当促进企业成长的动力基础发生了变化,企业在生产、经营等方面自然也就表现出不同的状态与特点,因此,对于生命周期划分标准的确定也就是对企业成长动力因素的识别。而支持一个企业持续成长的因素是多方面的,包括组织方式、战略指导、管理方式、资源供应等。作为企业整体结构的组成部分,这些因素是密切联系、相互配合的,缺少任何一方面的支持都难以实现企业目标,因此,企业生命周期的划分标准也应该是涵盖多方面的。从这一角度来讲,结合财务指标和非财务指标来综合判定企业所处生命周期阶段更加合理。结合已有文献,本书选择企业年龄、产品水平、创新意愿、市场状况、盈利能力五个变量作为划分标准,将创业企业生命周期划分为初创期、存活期、成长期及成熟期四个阶段(表2-2)。处于不同生命周期阶段的企业具有不同特征,创业者的领导力和企业面临的困境也有很大差别。

---

① 蔡岩松.基于企业生命周期的现金流量预测研究[M].哈尔滨:黑龙江大学出版社,2011:27-28.

表 2-2　　　　　　　　　创业企业生命周期划分标准

划分标准	初创期	存活期	成长期	成熟期
企业年龄	1年以下	1～3年	3～6年	6年以上
产品水平	产品技术基础薄弱,产品研发处于摸索阶段	产品受市场认可,产品服务体系相对完善	占领技术、产品或服务制高点	技术、产品或服务稳居行业领先地位
创新意愿	不关注突破式创新	关注突破式创新	加快突破式创新	不关注突破式创新
市场状况	不断开发市场	市场群体较稳定	市场份额逐渐提升	市场份额趋于稳定
盈利能力	支出大于收入	实现收支平衡,营业收入增加	利润较稳定,有扩张需求	利润较稳定,无扩张需求

第四节　教育有效性

一、教育有效性的考量

近年来,关于教育有效性的研究主要集中在思想政治教育有效性方面,直接探讨教育有效性的研究少之又少。关于思想政治教育有效性的一些研究看法对教育有效性的研究有所启发,如思想政治教育有效性的考察内容包括学生思想政治教育要素的有效性、教育过程的有效性、教育结果的有效性,其中,教育要素的有效性是教育过程有效性的前提,教育要素的有效性和教育过程的有效性是教育结果有效性的基础和前提,教育结果的有效性为教育过程的有效性和教育要素的有效性提供了现实意义及评价标准。简而言之,教育要素有效是基础,教育过程有效是纽带,教育结果有效是产物,三者之间相互影响、相互作用并相互渗透。[①] 有学者则认为,思想政治教育要素的有效性主要包括教育者的有效性、教育对象的有效性、教育目的的有效性、教育内容的有效性、教育方法的有效性等。[②] 思想政治教育有效性的实现及实现程度,与教育者、教育对象在整个教育活动中主导作用、主体作用发挥的程度密切相关。[③]

管理学视角的研究认为,教育的有效性一是指科学管理能保证实现人才培养目标;二是指科学管理能提高教育与培养的效率,即更快实现培养目标。[④]

有关教育有效性的专门研究认为,教育有效性问题是一个探讨以何种标准来评判某种教育活动有效性的问题。教育有效性的考量可从价值取向的教育性、教育方式的道德性和教育结果的成长性三个维度进行。其中,价值取向的教育性意味着有助于受教育者全面均衡成长,能优化受教育者素质结构并启发受教育者向自觉和善的方向发展;教育方式的道德

---

① 王晖.科学化认知视角下的学生思想政治教育[M].成都:电子科技大学出版社,2017:74.
② 靳玉军,周琪.思想政治教育学原理[M].重庆:西南师范大学出版社,2015:86.
③ 沈壮海.思想政治教育有效性研究[M].2版.武汉:武汉大学出版社,2008:143.
④ 回春茹,单凤儒.大学生管理学[M].北京:中国商业出版社,1993:7.

性意味着以受教育者能够并乐于接受且合乎基本道德规范和伦理要求的方式开展教育活动并实施教育设计;教育结果的成长性是指受教育者获得了这种教育学意义上的"成长",这种"成长"不仅意味着受教育者获得了新知识和技能、改善了素质结构、净化了心性,更意味着受教育者获得了持续发展、持续成长的基础、动力和策略,这种"成长"将为个体的终身学习和发展奠定必要基础。①

二、教育有效性的评估

一是评估队伍的专业性。教育有效性评估具有反馈调控、咨询决策、推动改革的重要作用。教育有效性评估理论与实践涉及社会学、哲学、教育学、管理科学、计算机科学、系统科学等多个学科,有其自身科学规律和专门知识,因此,评估队伍具有较高的文化水平、分析能力、决策能力等是教育有效性评估工作科学有效开展的重要保证。一般而言,教育评估机构应独立于政府部门和高校管理部门,要求从业人员有较深的理论修养和丰富的创业教育工作经验。

二是评估方法的多样性。由于受到多种因素制约,任何一种教育有效性评估方法都不可能是万能的。在教育有效性评估的每一个阶段,对不同评估对象、评估内容,可采用定量评估和定性评估、分析评估和综合评估、模糊综合评判、相对评估与绝对评估、静态评估和动态评估等不同评估方法,评估时必须具体问题具体分析,保证评估的全面性、客观性、科学性。

三是评估主体的多元性。目前多采用资格鉴定型评估,即评价评估对象是否达到某一标准,在这种评估机制下,只有少数评估对象能达到指标中的优秀标准,而且达标并不会对评估对象产生激励或推动发展的作用,影响了教育目标的实现。② 因此,评估需要实现主体多元化,引导和鼓励高校管理者、服务者,以及专业指导教师、广大学生主动参与教育评估。

---

① 王晴.教育有效性的判断标准初探[J].教育研究与实验,2011(2):51-54.
② 李莉丽,龙希利.我国大学生创业教育运行机制研究[M].济南:山东大学出版社,2009:138.

第三章 核心概念

第一节 大学生创业教育有效性

一、概念界定

有研究认为,创业教育有效性是看创业教育是否能有效培养学生的创业能力,而创业能力是指学生的创业意识、创业思维和创业技能等综合素质。[①] 就美国关于创业到底能不能教的争论,一些学者认为,把学生在校期间创建新企业的数量作为创业教育有效性的一个重要指标是不贴切的。对创业教育有效性的判断,要看学校能否通过教育使学生获得某些创业技能,学校能否像培养数学家、物理学家、律师、医生一样,把学生培养成创业者或发明家。[②] 随着研究的不断升温,近年来创业教育有效性研究逐渐受到关注,其成果主要聚焦两个方面。

一方面聚焦于当前大学生创业教育有效性不足问题。大学生创业教育有效性是指高等学校开展的创业教育活动在满足大学生自我构建和自我完善的内在需要时所表现的积极特性,创业教育有效性不足主要表现为学生创业素质不高、创业精神欠缺、创业理念不科学。[③] 大学生创业教育有效性与课程、教师、学生、体制、投入及评价体制等紧密相连。[④] 对美国三角洲州立大学创业发展教育课程的研究显示,由于无法进行手把手教学且只教授理论,创业发展教育课程的实施未能促进学生创业技能的习得和实际应用,因此,创业教育有效性的提升应从改进教师教学方法和设计有效教学内容着手。[⑤]

另一方面聚焦于提升创业教育有效性的具体策略问题。在我国,基于高校共青团工作中创业教育的现状,提升创业教育的有效性应从完善创业教育活动体系、建设专业化教师队伍、营造良好创业氛围着手。[⑥] 在线教育背景下,可从对象和目标的有效性、课程设置及内

[①] 叶桂平.澳门城市研究[M].北京:社会科学文献出版社,2019:42.
[②] 陈高生,孙国辉.新世纪的国家竞争锐器:高校创业教育[M].北京:经济日报出版社,2012:18.
[③] 罗贤甲,杨树明.论高校创业教育的有效性[J].思想教育研究,2010(9):55-58.
[④] 王辉.大学生创业教育有效性研究[D].重庆:西南大学,2012.
[⑤] ESENE R A. Towards improving the strategies of effective teaching of entrepreneurship development education courses to office technology and management students of polytechnics in delta state[J]. Journal of education and practice, 2015,6(31):102-107.
[⑥] 王秋萍.基于共青团视角下创业教育的有效性与对策[J].江西青年职业学院学报,2014,24(6):9-11.

容的有效性、组织形式及方式方法的有效性、教育情境环境的有效性、在线课程教学的有效性五个方面来提升大学生创业教育有效性。[①] 结合当前大学生创业的实际情况,构建良好的大学生创业生态系统也是提升创业教育有效性的有效手段。[②]

国外学者主要将是否有学生进行创业、创业公司是否成立及公司发展状况是否良好作为衡量创业教育有效性的指标。而国内学者则从不同角度和层面,对创业教育有效性评价指标体系进行了构建和研究。创业教育有效性评价作为创业教育质量的牵引,指明了高校创业教育的实施内容和发展方向,可从创业教育质量评价的要素研究中探寻创业教育有效性观测维度上的共识,为创业教育组成因素的界定提供研究思路。目前,学术界从不同理论视角出发,提出了创业教育评价因素的不同组成范式,主要包括以下两个方面:

基于过程视角的创业教育评价因素。葛莉等指出,过程评价具备明显的动态性与反馈性,可将高校创业课程、创业项目、实践平台三个分项指标纳入高校创业过程行动能力评价范畴,理由为:高校创业教育课程体系贯穿高校创业教育全过程,不仅是实现高校创业教育目标与创业型人才培养目标的必要载体,还是将创业教育理念转化为教育实践的关键媒介,更是评价创业教育过程与办学效益的重要指标;创业项目是连接创业课程与实践平台的桥梁;科技园、创业园、孵化器等创业教育实践平台是实现高校创业教育过程由创新向创业飞跃,由创意向创造飞跃,由校内模拟向社会实战飞跃的重要依托和阵地。[③] 张来武指出,我国高校创业教育实施过程存在的问题主要为:一是尚未形成一套系统的与专业教学深度融合的创业教育体系;二是创业孵化园等实践项目"闭门造车",大学生创业能力得不到真正提高;三是缺乏创业教育师资队伍,绝大部分教师既没有受过系统的创业教育,又没有创业经验和体验,邀请的企业人士也没有深入高校创业教育的全过程;四是缺乏创业教育氛围,现有教学管理制度、考核制度等与创业教育缺乏衔接,不利于创业人才培育的激励导向且易导致文化氛围不足。[④] 黄兆信等构建的创业教育评价过程指标包含了组织领导、师资建设、教学管理、机制保障、课程体系、创业实践、创业教育与专业融合七个维度。[⑤] 冯霞等根据组织保障、教学培养、实训实践、理论研究、资源整合、国际交流、成果转化七个一级指标构建了创业教育评估的指标维度。[⑥]

基于要素视角的创业教育评价因素。恽安平提出可整合课程建设、师资建设、实践实训三方面教学资源,切中实效构建创业教育体系。一是将创新融入教学,创业融入专业;二是将专兼职结合,从源头强化核心理念;三是营造整体氛围,搭建服务平台。[⑦] 李琳璐系统审视斯坦福大学创业教育经验后指出,创业课程体系与师资队伍建设是推行创业教育的基础性工作,是创业理论学习和技能锻炼的思想之源,在创业教育生态体系中扮演"生产者"的关

[①] 陈昊.在线教育背景下大学生创新创业教育有效性研究[D].重庆:重庆交通大学,2014.
[②] 刘铁江,刘怡.营造大学生创业生态环境,提升创业教育有效性[J].生涯发展教育研究,2015,11(12):1-7.
[③] 葛莉,刘则渊.基于CIPP的高校创业教育能力评价指标体系研究[J].东北大学学报(社会科学版),2014,16(4):377-382.
[④] 张来武.六次产业理论与创新创业教育[J].中国软科学,2018(6):1-4.
[⑤] 黄兆信,黄扬杰.创新创业教育质量评价探新——来自全国1231所高等学校的实证研究[J].教育研究,2019,40(7):91-101.
[⑥] 冯霞,侯士兵.双创视角下高校创业教育评价指标体系再探[J].学校党建与思想教育,2020(8):69-71.
[⑦] 恽安平.基于资源要素的创新创业教育体系构建——以南京师范大学为例[J].中国高校科技,2018(9):88-89.

键角色。① 王雁等分析我国20所示范高校实施创业教育的情况后发现,高校创业教育主要从"教"与"学"两方面入手更新培训内容、课程设置等,同时对教师的教学素养提出更高要求,从而全面提升学生创业能力。② 刘全振认为,从微观组成要素看,创业教育设施、实践场地、孵化平台、管理机构等硬件设施,以及创业教育课程、师资力量、校园文化氛围特别是创业竞赛活动、先进创业典型等软环境,会对学生创业行为产生直接影响。③

目前,关于创业教育有效性的争议主要源于对创业教育的对象层次和目的、形式的混淆,以及对创业教育时滞效应的忽视。创业教育的对象层次不同,创业教育目的、形式等不同,创业教育有效性的考核标准也不尽相同。另外,创业教育存在时滞效应,即创业教育与创业行为有"时滞",学生接受创业教育后需要一段时间才会真正开始创业。④ 因此,孙洪义等提出,对接受创业通识教育的大学生而言,创业教育有效性是指学生们的创业意愿,而不是创业率,更不是创业成功率,而创业通识教育即创业基础教育,以帮助学生了解创业过程、培养学生创新创业精神、激发学生创业意识、强化学生创新创业能力为主要目的。⑤

综上,本书认为,大学生创业教育有效性是一个评价创业教育是否具有绩效的问题,评价标准为创业教育能否有效培养学生的创业能力,重在考量教育结果的成长性,看受教育者是否获得了新知识和新技能,其教育结构是否得到改善,还要看受教育者是否获得了持续成长的动能。而结果的成长性与课程、教师、学生、体制、投入及评价体制等紧密相连,因此,本书认为评价大学生创业教育有效性可从观测创业教育各构成维度的有效性来实施,结合文献研究,创业教育的观测指标包括政策机制、课程体系、师资队伍、实践平台四个方面,见表3-1。

表3-1　　　　　　　　　　　创业教育观测指标

观测指标	具体要素
政策机制	1.是否成立创业工作组织机构研究部署创业工作? 2.是否制定推进学校创业工作的制度和办法? 3.是否实现现有教学管理制度、考核制度等与创业教育的衔接? 4.是否出台学分转换政策、休学创业规定或实施细则? 5.是否允许创业学生优先转入相关专业学习? 6.是否设立创业奖学金?
课程体系	1.是否将创业教育与专业教育结合? 2.是否将创业教育渗透到教学活动的各个环节? 3.是否基于创业教育的跨学科性整合创业课程资源? 4.是否构建多样性、个性化的创业课程体系?

---

① 李琳璐.斯坦福大学的创新创业教育:系统审视与经验启示[J].高教探索,2020(3):56-65.
② 王雁,张竹,李承霞.中国高校开展创新创业教育的关键要素与基本模式[J].中国高等教育,2019(17):44-46.
③ 刘全振.高校创业教育的构成要素及运行机制研究[J].江苏高教,2019(12):72-76.
④ 沈超红,谭平.国外创业教育效果评价的有效性分析[J].创新与创业教育,2010(2):3-7.
⑤ 孙洪义,梁波,卢彩彤.大学生通识型创业教育有效性的理论模型和实证研究[J].清华大学教育研究,2017,38(5):118-124.

续表

观测指标	具体要素
师资队伍	1. 是否建立既有理论知识又有实践经验的专兼职结合的创业师资队伍？ 2. 是否鼓励教师自主创业、积累创业实践经验？
实践平台	1. 是否有创业活动（包括创业沙龙、极客沙龙、创业训练营、创业大赛、创业见习等）？ 2. 是否有创业载体（如孵化类的创业苗圃、众创空间、创业孵化器，加速类的大学科技园，研发类的创业实验室、工程训练中心等）？学校各类试验设备是否向创业学生开放？ 3. 是否有创业资金（包括公益基金、风险投资、信贷优惠、政府补贴等）支撑？

二、研究述评

基于以上对大学生创业教育有效性概念的界定，本部分通过收集国外和国内创业教育评价的文献数据，对创业教育评价的研究进行分析比较，时间跨度为1990—2021年，检索时间为2021年8月1日。

国外高校创业教育评价研究的文献来源于Web of Science(WOS)核心合集数据库，根据本书第二章创业教育概念辨析中创业教育的英文词源，得到创业教育评价的英文表达方式，确定检索式为TS = ("enterprise education evaluation" OR "entrepreneurship education evaluation")，在限定语言为"English"、文章类型为"Article"的情况下，共检索到文献337篇。国内高校创业教育有效性的文献数据来源于CNKI数据库，期刊来源为CSSCI期刊，以"创业教育评价"为关键词进行检索，剔除目录、会议、征稿通知、书评、研究机构介绍等无效文章后，最终得到有效论文132篇。

(一)研究现状分析

1. 时间分布

图3-1显示了WOS核心合集数据库和CNKI数据库创业教育评价研究的论文发表数量及趋势。从图中WOS发文量曲线可看出，自1991年起，创业教育评价研究就已受到国外学者关注，尽管发文量在2014年经历了短暂下滑，但2015年之后呈急剧上升态势，并在2020年达到顶峰——69篇，这说明2015年后，国外学者高度关注和重视创业教育评价研究。观察图中的CNKI发文量曲线可发现，国内创业教育评价研究起步较晚，始于2006年，发文量同样在2014年时减少，2015年增加，近几年呈稳定态势。对比WOS和CNKI数据库的论文发表数量及数量变化趋势可发现，二者走向大致相同，但总体而言，国外创业教育评价研究的年发文量始终高于国内。

2. 载文期刊分布

表3-2列出了1990—2021年创业教育评价研究中国外和国内载文量排名前五位的期刊及复合影响因子。共有337篇国外文献发表在225种学术期刊上，其中载文量排在前五位的期刊分别是 *Sustainability*、*Academic Medicine*、*Education and Training*、*Educational Sciences：Theory & Practice* 和 *EURASIA Journal of Mathematics, Science and Tech-*

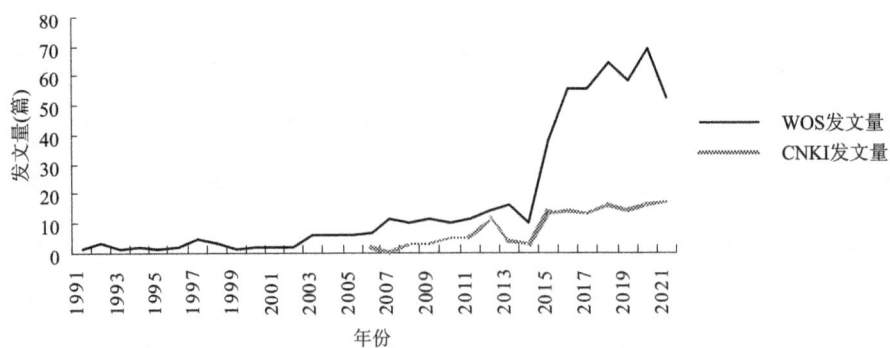

图 3-1　WOS 核心合集数据库和 CNKI 数据库创业教育评价研究论文发表数量及趋势
（截至 2021 年 8 月 1 日）

nology Education，它们的载文量占国外期刊文献样本总量的 14.84%，说明这些期刊对创业教育评价的相关研究关注度较高。共有 132 篇国内文献发表在 47 种学术期刊上，其中载文量排在前五位的期刊分别是《高等工程教育研究》《中国高等教育》《中国高教研究》《教育发展研究》《江苏高教》，这五种期刊的载文量占国内期刊文献样本总量的 24.24%，这说明这五种期刊对创业教育评价的相关研究关注度较高。

此外，比较发现，国外每种期刊的平均载文量为 1.52 篇，刊载文章的研究方向主要为 Education Educational Research（教育教学研究，88 篇）、Business Economics（商业经济学，82 篇）、Environmental Sciences Ecology（生态环境科学，36 篇）、Engineering（工程，31 篇）。而国内每种期刊的平均载文量为 2.81 篇，主要分布在高等教育（126 篇）、企业经济（5 篇）、职业教育（4 篇）、教育理论与教育管理（4 篇）这几个学科领域。可见，国外学者关于创业教育评价的研究较分散，涉及面较广，而国内学者的研究则较集中，但国内外关于创业教育评价研究集中分布的前两个学科领域是一致的，为教育和经济领域。

表 3-2　1990—2021 年创业教育评价研究中国外和国内载文量排名前五位的期刊

排名	国外期刊名称	Impact factor	载文量（篇）	排名	国内期刊名称	复合影响因子	载文量（篇）
1	Sustainability	3.251	15	1	《高等工程教育研究》	5.333	7
2	Academic Medicine	6.893	11	2	《中国高等教育》	1.795	7
3	Education and Training	2.275	9	3	《中国高教研究》	4.249	6
4	Educational Sciences: Theory & Practice	0.903	8	4	《教育发展研究》	2.527	6
5	EURASIA Journal of Mathematics, Science and Technology Education	2.99	7	5	《江苏高教》	1.784	6

(二) 关键词分析

对关键词进行相关统计分析，一方面便于在短时间内对某一学科或领域有一个整体的认识，另一方面则有助于研究者对某一学科或领域进行客观的评价。此外，关键词分析也有利于研究者发现该学科或领域最新的研究热点,提高对研究热点的关注度,从而推动某一学科或领域研究的发展。①

1.词频分析

为了更好地呈现关键词共现网络、深度分析网络结构,在对关键词进行共词分析时,本研究剔除了"education"和"创业教育评价"两个基本检索词,表3-3和表3-4列出了在国外和国内文献中创业教育评价研究共现频次和中介中心性排名前十的关键词。

表3-3　　　　　　　　　　关键词共现频次排名前十统计

排名	英文关键词	频次	中介中心性	排名	中文关键词	频次	中介中心性
1	impact	37	0.23	1	创业教育	61	0.27
2	entrepreneurship	32	0.19	2	创新创业教育	20	0.01
3	entrepreneurship education	27	0.19	3	高校	9	0.04
4	model	21	0.2	4	评价体系	5	0
5	performance	19	0.22	5	高校创业教育	5	0
6	student	18	0.05	6	创新创业	4	0
7	innovation	16	0.03	7	高等教育	2	0
8	higher education	14	0.15	8	大学生创业	2	0
9	intention	13	0.19	9	人才培养	2	0
10	system	13	0.13	10	大学生	2	0

表3-4　　　　　　　　　　关键词中介中心性排名前十统计

排名	英文关键词	频次	中介中心性	排名	中文关键词	频次	中介中心性
1	impact	37	0.23	1	创业教育	61	0.27
2	performance	19	0.22	2	高校	9	0.04
3	model	21	0.2	3	创新创业教育	20	0.01
4	entrepreneurship	32	0.19	4	评价体系	5	0
5	entrepreneurship education	27	0.19	5	高校创业教育	5	0
6	intention	13	0.19	6	创新创业	4	0
7	enterprise	12	0.17	7	高等教育	2	0
8	higher education	14	0.15	8	大学生创业	2	0
9	science	5	0.15	9	人才培养	2	0
10	system	13	0.13	10	大学生	2	0

---

① 易红郡,曾令琴.近十年教育国际化研究综述——基于2010～2019年CNKI与WOS期刊文献的定量分析[J].比较教育研究,2020,42(5):44-52.

从表 3-3 和表 3-4 可看出,"impact"(影响)、"performance"(表现)、"model"(模型)、"创业教育"、"创新创业教育"、"高校"的共现频次和中介中心性均较高,是创业教育评价研究在国外和国内文献中的核心关键词。同时,"student"(学生)、"innovation"(动机)、"high education"(高等教育)和"评价体系""高校创业教育""创新创业""大学生创业"等关键词的共现频次也较高,表明这些是创业教育评价研究领域中吸引学者关注的研究热点。此外,"impact"(影响)和"创业教育"的中介中心性最高,说明二者分别在国外和国内文献中占据较为重要的中介位置,而"performance"(表现)、"model"(模型)和"高校""创新创业教育"等关键词则是预测未来国外和国内创新创业教育评价研究趋势的重要信息点。

2. 聚类分析

聚类分析是选定一些分类标准,对不同的观察体加以分类,同一类(集群)观察体内彼此的相似度愈高愈好,而不同类别的观察体之间彼此的相异度愈高愈好。[①] 高频关键词聚类分析是指通过高级统计对已经发表文献的高频关键词组的相似性与相异性进行分析,从而发现关键词组之间的远近关系,挖掘其背后隐藏的研究者关心的知识信息。[②] 在 CiteSpace 软件中,高频关键词所属聚类顺序从♯0 到♯7,数字越小,说明聚类中包含的关键词越多,每个聚类是由多个紧密相关的词组成的,具体为哪些关键词我们可以通过导出的报告得到详细信息。在聚类分析中,需要注意两个数值——Q 值(Modularity Q,聚类模块值)和 S 值(Mean Silhouette,聚类平均轮廓值),Q 值和 S 值表征聚类效果,一般认为,Q 值大于 0.3 意味着聚类结构显著,S 值大于 0.5 意味着聚类是合理的,S 值大于 0.7 意味着聚类是令人信服的。

在国外文献数据信息项目中,在 CiteSpace 软件中将 Thresholds 使用参数 c、cc、ccv 设定为(2,2,20)、(2,2,20)、(2,2,20),网络裁剪 Pruning 参数设置为 None(不裁剪),在关键词共现图谱的基础上,采用 LLR 算法进行聚类分析,得到国外文献关键词聚类图谱(图 3-2)。图谱包含 97 个关键词节点,273 条关键词关系连线,网络密度为 0.0586,Q 值为 0.4586,S 值为 0.5444,表示该网络聚类结构显著,得到的聚类是合理的。按照聚类规模大小进行排列,前六位分别是:①entrepreneurship education,主要关键词为"higher education""management""model""performance";②quality evaluation,主要关键词为"entrepreneurship education""enterprise""student""quality";③program evaluation,主要关键词为"entrepreneurship""intention""entrepreneurship intention""university""innovation""future""attitude""knowledge""resource";④labour market,主要关键词为"education""framework""challenge""business"等;⑤evaluation,主要关键词为"impact""conceptual framework""growth";⑥engineering education,主要关键词为"science"。这些代表了国外创业教育评价的主要关注点。

---

① 陈正昌,程炳林,陈新丰,等.多变量分析方法:统计软件应用[M].北京:中国税务出版社,2005:241-299.
② 郭文斌,方俊明.关键词共词分析法:高等教育研究的新方法[J].高教探索,2015(9):15-21,26.

在国内文献数据信息项目中,在 CiteSpace 软件中将 Thresholds 使用参数 c、cc、ccv 设定为(1,1,20)、(1,1,20)、(1,1,20),网络裁剪 Pruning 参数设置为 Pathfinder,在关键词共现图谱的基础上,采用 LLR 算法进行聚类分析,得到国内文献关键词聚类图谱(图 3-3)。图谱包含 301 个关键词节点,599 条关键词关系连线,网络密度为 0.0133,Q 值为 0.7443,S 值为 0.7032,表示该网络聚类结构显著,得到的聚类令人信服。按照聚类规模大小进行排列,前六位分别是:①创业教育,主要关键词为"创业教育";②创新创业教育,主要关键词为"创新创业教育""创客空间";③高校创业教育,主要关键词为"高校创业教育""创业教育体系""面向全体学生""创业胜任力";④创业能力,主要关键词为"创业能力""创业教育评价";⑤高校,主要关键词为"高校""评价";⑥大学生,主要关键词为"大学生""人才培养"。这些代表了国内创业教育评价研究的主要关注点。

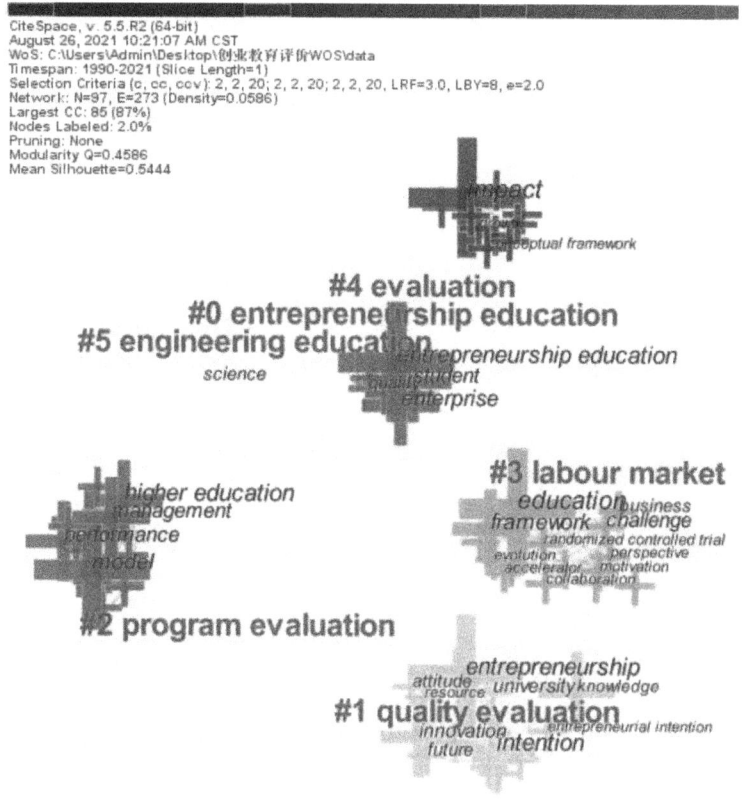

图 3-2　创业教育评价研究国外文献关键词聚类图谱

(三)研究脉络分析

1. WOS 中关键文献分析

当两篇参考文献被同一篇文献引用时,这两篇参考文献就构成了共被引关系。通过绘制 WOS 共被引文献的时区图并分析关键节点,可以揭示出某个研究领域的奠基性文献以及在演变过程中起到关键作用的文献。在 CiteSpace 节点类型"Reference"中选择"timezone"即可生成共被引文献时区图(图 3-4),图中每个节点表示一篇文献,节点大小与文献被

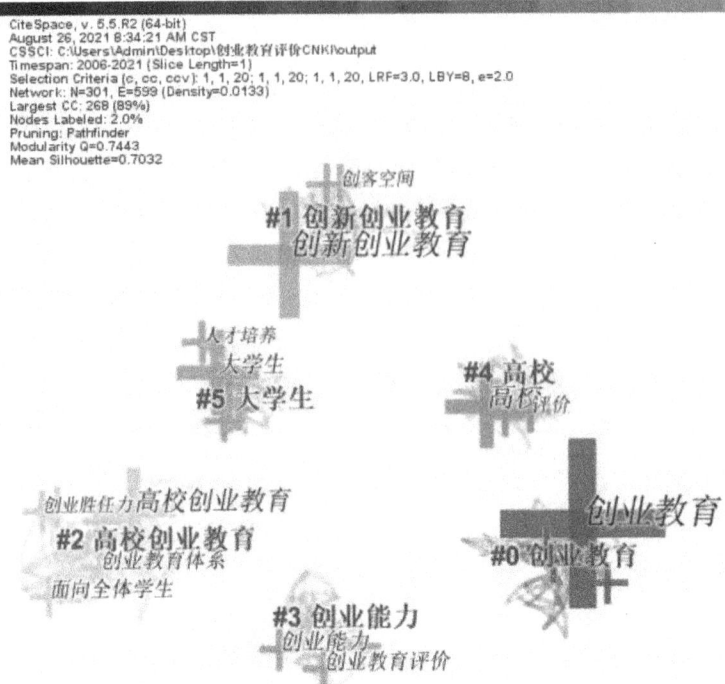

图 3-3　创业教育评价研究国内文献关键词聚类图谱

引频次呈正相关。节点之间的连线表示两个关键词的共现关系,连线越粗表明共现程度越高,黑色圆圈标记的节点表明该节点具有较高的中心性。

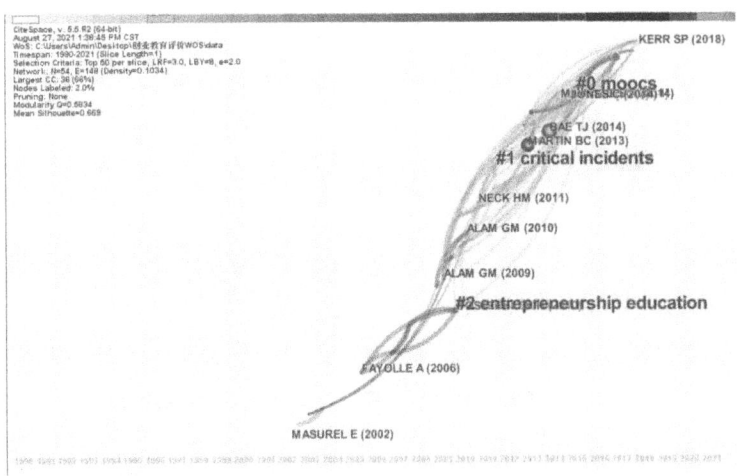

图 3-4　WOS 创业教育评价研究共被引文献时区图

从文献时间分布看,最早涉及创业教育评价研究的国外论文是 2002 年 Masurel E 的 *Motivations and Performance Conditions for Ethnic Entrepreneurship*。

从引用计数看,排名最高的项目是聚类♯0 moocs 中的 Fayolle A(2015),引用次数为9;第二位是聚类♯0 moocs 中的 Bae T J(2014),引用次数为9;第三位是聚类♯0 moocs 中的 Martin B C(2013),引用次数为9;第四位是聚类♯0 moocs 中的 Nabi G(2017),引用次数为8;第五位是聚类♯0 moocs 中的 Oconnor A(2013),引用次数为5。

从中心度看,排名最高的项目是聚类♯0 moocs 中的 Bae T J(2014),中心为0.33;第二位是聚类♯0 moocs 中的 Martin B C(2013),中心度为0.27;第三位是聚类♯0 moocs 中的 Fayolle A(2015),中心度为0.19;第四位是聚类♯1 critical incidents 中的 Oosterbeek H(2010),中心度为0.14;第五位是聚类♯1 critical incidents 中的 Welter F(2011),中心度为0.06。

从突现情况看,排名最高的项目是聚类♯0 moocs 中的 Bae T J(2014),爆发率为2.67;第二位是聚类♯0 moocs 中的 Nabi G(2017),爆发率为2.10;第三位是聚类♯0 moocs 中的 Oconnor A(2013),爆发率为1.83;第四位是聚类♯0 moocs 中的 Fayolle A(2013),爆发率为1.46;第五位是聚类♯0 moocs 中的 Fayolle A(2015),爆发率为0.88。

可见,Bae T J 等(2014)的文献非常重要,它的被引频次最高,且中心度和突现性也最高。该文献是 *The Relationship Between Entrepreneurship Education and Entrepreneurial Intentions:A Meta-Analytic Review*,[1]发表在 *Entrepreneurship Theory and Practice*。该文对总样本量为37285人的73项研究进行了元分析,以探究创业教育与创业意向的关系。在元分析中,所有衡量学生对创业教育有效性看法的主要研究都使用来自同一个人的创业教育和创业意图的自我报告评估。研究发现,创业教育与创业意向之间存在显著但很小的相关性,这一相关性大于商业教育和创业意向之间的相关性,由此,文章得出结论:与商业教育相比,创业教育对参与者创业意向的影响更积极。基于创业教育的属性、个体差异、文化背景、创业教育的可操作性、研究质量,该文测试了12个潜在的创业教育-创业意向关系,发现:

①创业教育的属性(创业教育的持续时间和创业教育的特殊性)对创业教育-创业意向关系没有显著影响。可见,教育形式对改变创业精神几乎没有影响,即创业教育无论形式是学期还是研讨会,重点是商业规划还是风险创造,都几乎对改变学生创业精神没有影响。

②学生个体差异对创业教育-创业意向关系也没有显著影响。

③就文化背景而言,创业教育-创业意向关系在高集体主义国家、低性别平等主义国家和低不确定性规避国家中呈现出更明显的正相关关系。

④在评估创业教育时,创业教育与创业意向的关系更显著。

⑤与未发表的研究结论相比,在已发表的研究结论中,创业教育与创业意向二者之间的关系更显著。

第二篇重要文献是 Martin B C 等(2013)的 *Examining the Formation of Human Cap-*

---

[1] BAE T J,QIAN S S,MIAO C,et al. The relationship between entrepreneurship education and entrepreneurial intentions: a meta-analytic review[J]. Entrepreneurship theory and practice,2014,38(2):217-254.

ital in Entrepreneurship: A Meta-Analysis of Entrepreneurship Education Outcomes,[①]发表在 *Journal of Business Venturing*，它的被引频次最高，中心度排在第二位。该文章指出，随着创业教育培训(entrepreneurship education and training，EET)在全球范围内迅速发展，有效人力资本越来越受政府关注。不幸的是，缺乏一致的证据表明 EET 有助于创造更多或更好的企业家。因此，作者做了如下研究：首先，在人力资本理论背景下对文献进行了定量研究，发现文献支持 EET 的价值，但作者也发现一些研究存在方法上的缺陷，方法严谨性较低的研究夸大了 EET 的效果；其次，对 42 个独立样本进行了研究，发现 EET 与创业相关的人力资本资产和创业成果之间存在显著关系，而且，以学术为重点的 EET 和创业成果之间的显著性比以培训为重点的 EET 更强。

以上研究结果有两个重要实际意义：一是对政府、大学和创业公司来说，EET 与创业相关的人力资本资产和创业成果之间的正相关关系是利好的。研究结果表明，EET 对提高参加此类课程的学生的创业兴趣和态度、改善他们作为企业家的财务表现有积极影响。二是对"以培训为重点"与"以学术为重点"的两种主要 EET 类型的研究结果表明，"以培训为重点"的 EET 计划可能会受益于更多概念性材料的介绍，这些概念性材料有助于学生取得财务成功并维持企业长期运营。

第三篇重要文献是 Fayolle A 等(2015)的 *The Impact of Entrepreneurship Education on Entrepreneurial Attitudes and Intention: Hysteresis and Persistence*，发表于 *Journal of Small Business Management*，它的被引频次最高，中心度排在第三位。创业教育计划(entrepreneurship education programs，EEPs)真的会影响参与者对创业的态度和意图吗？这种影响与创业者过去的经验有什么关系？它是如何持续存在的？研究人员和创业教育利益相关者一直在研究这些问题，以验证创业教育计划的有效性。为了解决以上问题，该文提出了一个原创的创业意向及其先行概念的研究设计：

①衡量 EEPs 对创业意向初始状态和持续性的影响，而不仅是短期影响；

②允许避免自我选择偏差；

③处理同质的影响计划而非无法区分效果的多个教学组合计划。

该文研究发现，短期介绍性的创业课程(如 24 小时教学课程)短期内对学生没有明显的影响。而在课程结束六个月后对学生创业态度和感知行为进行研究，结果发现，EEPs 对学生创业意向的影响受学生初始创业意向水平和之前创业经历的强烈影响，EEPs 可能对一些学生的创业意向产生强烈的积极影响，而对另一些学生则产生负面影响。有趣的是，这一结果突出一个事实，即 EEPs 似乎提高了最初没有创业设想的学生的创业意愿水平，却降低了最初有创业设想的学生的创业意愿水平。作者认为，产生以上差别的原因是，受 EEPs 积极影响的学生发现了一个新的领域并确定了 EEPs 的积极方面；而受 EEPs 负面影响的学生已具备创业领域的一些背景知识，他们更多关注创业的某些方面，而这些方面的创业教育低估了创业的困难或局限性。可见，先前的创业接触和经验因素对学生创业计划或创业行为的影响往往会取代创业培训本身的影响。

---

① MARTIN B C，MCNALLY J J，KAY M J. Examining the formation of human capital in entrepreneurship: a meta-analysis of entrepreneurship education outcomes[J]. Journal of business venturing，2013，28(2):211-224.

总的来说,该文的研究发现是:当创业者先前较少接触创业或从未接触过创业时,EEPs的积极影响更为显著。相反,对于那些以前接触过创业的学生,EEPs 产生了明显的反作用。

该文研究还表明,创业意识课程可以以更客观的方式向学生提供有关企业家和创业的知识,从而帮助他们做好创业准备。这种 EEPs 对学生创业意向的形成起到了重要作用,使学生更加认真地设想自己的创业生涯。同时,该文提出了几个新的研究问题,例如,是否可以根据学生情况和先前创业经验,为他们提供更适合的 EEPs?又如,随着评估时间的推移,EEPs 对创业意愿的持久性影响会不会增加?作者认为,自己撰写的文章是基于 EEPs 实施六个月后的观测结果,而一两年后的评估更具持续性,未来 EEPs 效果的研究可以集中在长期观测上,或关注对特定创业教育教学方法以及整个创业教育计划有效性和效率的评估。

2. CNKI 中关键文献分析

高被引文献通常具有较高的学术水平和参考价值,通过对 CNKI 数据库中创业教育评价研究的高被引文献进行统计,得到被引频次排名前四的文献情况(表3-5)。被引频次最高的是梅伟惠于 2011 年发表在《教育发展研究》的《高校创业教育评价的类型与影响因素》。[①] 作者提出,创业教育有效性、影响力、最佳实践的辨认及推广,随着创业教育项目的多样性发展及创业教育资源配置的完善而引起广泛关注,目前我国高校创业教育评价理论和实践已满足我国高校创业教育持续发展的需求,因此,有效开展评价研究和评价实践对推动高校创业教育长远发展具有重要意义。作者还认为,作为规划工具、监测工具和影响力评估工具的高校创业教育评价,存在发展现状评价、过程评价以及影响力评价三种类型,在开展评价的过程中应充分考虑到高校创业教育目标多样性、实施过程多层次性、评价主体多元性及创业教育时滞效应等因素:

①不同类型高等院校因其性质、特征存在差异,可能会有不同的创业教育目标,即使同一所高校内部,由于面对的目标群体不同,创业教育项目目标也会有所不同。

②对不同层次的高校创业教育项目需采用不同的评价方法,如影响力评价和纵向追踪评价可用来评价单个项目的有效性,从而为高校、政府部门出台相关政策提供依据。

③创业教育影响力的很多指标,如创业数、生涯满意度、对社会经济发展的贡献等,往往不能在创业教育项目开展期间或者结束之后立刻对其进行测评。学生接受创业教育和真正实施创业之间,存在着时间上的滞后性,创业教育的效果和影响力很难即时或在项目结束后短时间内显现,需进行必要的纵向跟踪研究。

文献被引频次位列第二的是黄兆信、黄扬杰于 2019 年发表在《教育研究》的《创新创业教育质量评价探新——来自全国 1231 所高等学校的实证研究》。[②] 作者通过对全国 1231 所高等学校共 201034 份学生和教师的调查问卷进行分析,发现:创业政策对学生有切实帮助且能提升个人创业意愿;创新创业教育进一步普及落实,师资短缺仍是主要短板;创业课程与专业融合还不够紧密,类型有待丰富;创业竞赛成为学生全面发展的重要平台,但竞赛

---

① 梅伟惠.高校创业教育评价的类型与影响因素[J].教育发展研究,2011,31(3):45-49.
② 黄兆信,黄扬杰.创新创业教育质量评价探新——来自全国 1231 所高等学校的实证研究[J].教育研究,2019,40(7):91-101.

项目落地率有待提高;组织领导是影响创新创业教育质量的最主要因素;创业实践是影响学生创业意愿、技能和知识等培养的最主要因素;教师和学生对高等学校创新创业教育过程评价较高。因此,完善我国创新创业教育质量评价体系,应建立全链条式评价体系,搭建结果和过程相融合的核心指标框架,分层分类设计质量评价方案。

文献被引频次位列第三的是舒福灵等于2012年发表在《教育探索》的《高校创业教育评价体系探究》。该文认为,大学生创业教育评价体系应包括创业教学、创业实践、创业氛围、基础平台建设和培养效果,将这些指标分解,再进行无量纲化指标统计,大致可判断和比较一所学校创业教育水平的高低。①

文献被引频次位列第四的是王占仁等于2016年发表在《思想理论教育》的《创新创业教育评价的现状、问题与趋势》。② 该文提出,创新创业教育质量和水平的提高须以科学评价为基础,在数量评价方面,不能单纯以应届毕业生的创业率这一数量指标来评价创新创业教育效果;在个体发展水平评价方面,须建立评价指标,对创业意向和创业能力进行评价;在纵向综合评价方面,应基于计划行为理论研究创新创业教育效果的评价标准,构建创新创业质量评价指标体系。在科学评价基础上,应建立起与创新创业教育相匹配的价值导向、质量标准和评价方式,进而形成全新的评价观。

表3-5 CNKI创业教育评价研究文献被引频次排名前四的情况

文献	作者	所载期刊	发表年份	被引频次	同主题文献被引频次
《高校创业教育评价的类型与影响因素》	梅伟惠	《教育发展研究》	2011	68	8
《创新创业教育质量评价探新——来自全国1231所高等学校的实证研究》	黄兆信,黄扬杰	《教育研究》	2019	52	6
《高校创业教育评价体系探究》	舒福灵,赖艳,景玲,李幼平	《教育探索》	2012	47	5
《创新创业教育评价的现状、问题与趋势》	王占仁,刘志,刘海滨,李亚员	《思想理论教育》	2016	59	5

说明:被引频次是指CNKI统计的所有引用该文献的文献数量;同主题文献被引频次是指在CNKI查阅到的与创业教育评价主题相关的132篇文献中,引用该文献的文献数量。

从创业教育评价领域关键文献的内容看,国外主要利用创业意向、人力资本、创业成果等不同指标评价创业教育是否有效,更加注重创业教育在创业行为上展现的效果;而国内研究在创业教育有效性评价的工具选择上比较多样化,既包括规划工具,也包括监测工具和影响力评估工具,而且衡量创业教育效果的指标也比较多样化,如创业数、生涯满意度、对社会经济发展的贡献等,但评价视角多局限于创业教育本身,一些学者意识到了这一问题,提出应建立"个体发展水平"方面的评价指标,对创业意向和创业能力进行评价。总体来看,国外学者更关心研究数据与模型的改进与创新,更关注创业教育的"滞后效应",而国内学者更注

---

① 舒福灵,赖艳,景玲,等.高校创业教育评价体系探究[J].教育探索,2012(1):75-76.
② 王占仁,刘志,刘海滨,等.创新创业教育评价的现状、问题与趋势[J].思想理论教育,2016(8):89-94,103.

重创业教育有效性评价工具的具体应用。

(四)研究热点与前沿分析

1.研究热点

关键词作为一篇文献核心内容的体现,能够较准确地展示某一领域的主流研究内容,且易于收集,可以很好地体现出该领域的研究热点。[①] 借助 CiteSpace 对文献题录的关键词进行共现分析,得到关键词知识图谱,图 3-5 和图 3-6 分别显示了 WOS 和 CNKI 中创业教育评价研究文献关键词共现网络图谱,从中可清晰看到,关键词共现网络聚成了一个个不规则区域,每一个区域都对应一个标签。其中,每个节点表示一个关键词,节点大小表示关键词出现频次的高低,节点间连线表示两个关键词的共现关系,连线越粗表明共现程度越高,若节点被黑色圆圈标记则表示该节点具有较高中心性。

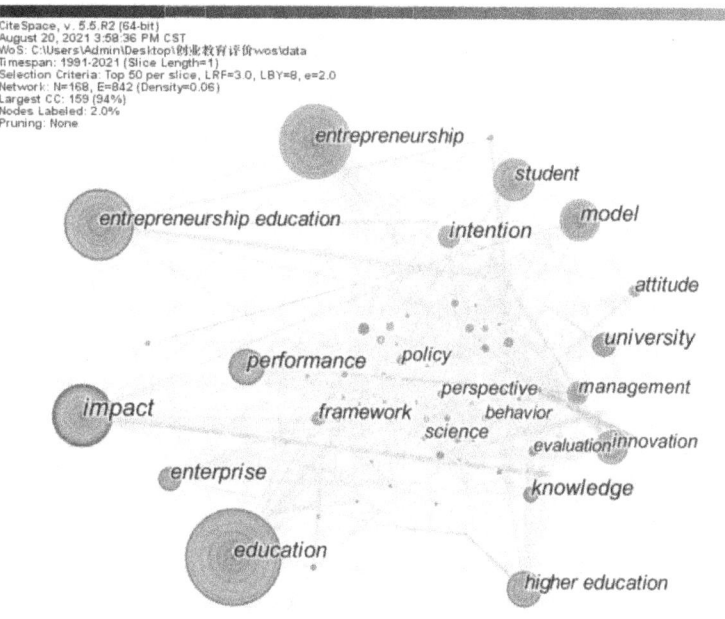

图 3-5　WOS 创业教育评价研究文献关键词共现网络图谱

从图 3-5 可看出,最大的关键词节点是"education"(教育)。该领域重要关键词还包括:"entrepreneurship"(创业)、"entrepreneurship education/enterprise education"(创业教育)、"impact"(影响)、"innovation"(创新)、"performance"(绩效)、"gender"(性别)、"growth"(生长)、"knowledge"(知识)、"women"(女性)、"SME"(中小企业)等,其中"education""entrepreneurship""entrepreneurship education/enterprise education"具有较高的频次,与其他关键词有较强联系。

---

① 罗良针,余正台.基于 CiteSpace 的国内积极心理学研究演进路径分析[J].西南民族大学学报(人文社会科学版),2017,38(2):214-220.

在"entrepreneurship"方面,Linan等认为,尽管创业教育被认为是改变潜在创业者和新生创业者创业态度的关键手段之一,但个人创业的决定因素仍不清楚,通过采用已验证的创业意图问卷(entrepreneurial intention questionnaire,EIQ)和因素回归统计方法进行研究发现,个人态度和感知到的行为控制是解释创业意图的最相关因素。① 因此,从教育角度来说,创业培训需要考虑的不仅是提高感知可行性和可取性,还应考虑创业的理念、创业者的角色以及创业后的创业发展。更好的创业教育改革路线应致力于提高创业自我效能和个人创业态度,因为它们是影响创业意图的最有力因素,从这个意义上说,创业教育的商业计划课程可能是提高学生创业自我效能感的有效工具。创业教育必须成为让更多人了解创业职业选择的政策工具,而不应仅被视为已经决定成为企业家的人的一种工具性技术;创业教育的目的不仅是帮助潜在企业家创建高增长企业,还要增强他们的创业意愿,然而,只有最雄心勃勃的创业教育计划才会考虑这些内容。此外,创业教育每门课程都应考虑团队建设、时间管理或领导力等方面的内容。EIQ可用作衡量创业教育有效性的工具,如衡量哪些技能增加,哪些学生从课程中获益最多,哪些学生没有改变看法,以提供如何改进创业培训计划的相关信息。

在"entrepreneurship education/enterprise education"方面,对1991—2014年创业教育研究评价文献进行统计发现,创业意图是最有影响力的研究主题,随着新理论的提出和新理论中心的形成,出现了创业学习和创业评估主题,促进了创业教育研究结构的变化。② 突尼斯的一项创业课程改革帮助大学生制订商业计划并进行创业跟踪业务培训和指导,对课程结束一年的学生进行随机跟踪发现,创业教育促使少量自主创业增加,但总体就业率保持不变。此外,创业计划提高了学生商业技能,但对学生个性和创业特质的影响却是不同的。③ 从培养参与者创业能力和创建公司意愿的评估出发,对德国使用模拟创业公司业务流程的商业游戏这一创业教育方式的学习效果进行十年研究发现,学生的企业管理知识和商业计划准备技能整体呈增长趋势,约16%的模拟游戏创业教育参与者启动了初创公司,这个比率约为传统创业教育比率的两倍。④

在"innovation"方面,有学者使用技术创业培训计划的五年数据,通过比较评估接受参加该计划的申请人与未接受的申请者之间的职业选择发现:创业培训计划参与者后续创业的可能性增加,但对于具有事先创业资源和能力的申请人来说,创业培训计划参与与其随后创业活动之间的关系要低得多,这表明,没有先前经验的个人可接受创业培训,而具有技术创

---

① LINAN F,RODRIGUEZ-COHARD J C,RUEDA-CANTUCHE J M. Factors affecting entrepreneurial intention levels: a role for education[J]. International entrepreneurship and management journal,2011,7(2):195-218.

② LOI M,CASTRIOTTA M,GUARDOM C D. The theoretical foundations of entrepreneurship education: How co-citations are shaping the field[J]. International small business journal: researching entrepreneurship,2016,34(7):948-971.

③ PREMAND P,BRODMANN S,ALMEIDA R,et al. Entrepreneurship education and entry into self-employment among university graduates[J]. World Development,January 2016,77(6):311-327.

④ KRIZ W C,AUCHTER E. 10 years of evaluation research into gaming simulation for German entrepreneurship and a new study on its long-term effects[J]. Simulation & gaming,2016,47(2):179-205.

业经验的个人从创业培训计划中获益较少。① 审查有关创业教育传统方法和体验方法的有效性的研究发现,需要建立更有效的学生表现评估指标,特别是要考虑:第一,实际学习成果是否是衡量创业教育有效性的适当指标;第二,评估学生是否实施创业或是否实现创新。②

观察CNKI中创业教育评价研究文献关键词共现网络图谱(图3-6),图中节点圆圈大小与关键词出现的频次呈正相关。对关键词出现的频次及中心性进行梳理、整合和排序,获得频次相对较高的关键词,这些高频关键词在一定程度上能够反映近年来我国高校创业教育评价的研究现状。图中最大的关键词节点是"创业教育",高频关键词有"创新创业教育""高校""创业教育评价"等,这说明在一定程度上,国内创业教育评价研究都是围绕一个主题展开的。

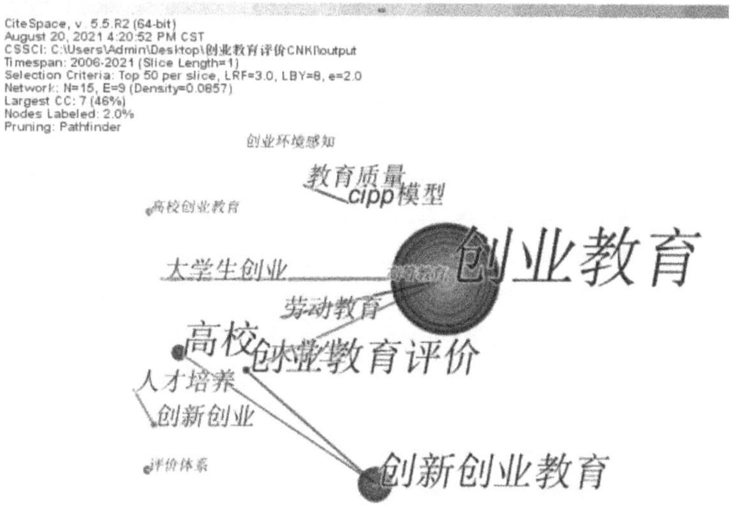

图3-6 CNKI中创业教育评价研究文献关键词共现网络图谱

通过进一步分析高频关键词所对应的文献,发现国内创业教育研究始于2010年。李美俊提出,大学生创业教育科学化和理论化的要求日益迫切,智力发展视野可为创业教育提供终身发展的原动力,因此,可从斯滕伯格对智力内涵的界定出发,探索大学生创业教育的发展模式和评价机制。③ 在关键词节点的文献追踪过程中发现,徐小洲是国内发表与创业教育评价研究主题相关论文最多的学者,共查阅到3篇文献。徐小洲等指出,2007年以来,英国政府出台了系列大学生创业教育支持政策,核心包括构建创业教育评价体系等,这些政策推动了英国高校创业教育的发展。④ 徐小洲还对我国2009—2018年创业教育研究成果进行统计分析,提出理念与制度保障、创业教育学科建设与科学化、创业教育与专业教育融

---

① LYONS E, ZHANG L. Who does(not) benefit from entrepreneurship programs? [J]. Strategic management journalpy, 2018, 39(1):85-112.
② SCOTT J M, PENALUNA A, THOMPSON J L. A critical perspective on learning outcomes and the effectiveness of experiential approaches in entrepreneurship education: Do we innovate or implement? [J]. Education and training, 2016, 58(1):82-93.
③ 李美俊. 基于成功智力理论的大学生创业教育模式[J]. 江苏高教, 2010(3):103-105.
④ 徐小洲,胡瑞. 英国高校创业教育新政策述评[J]. 比较教育研究, 2010, 32(7):67-71.

合、社会创业与创业教育、创业教育评估与效益、创业心理与创业教育衔接等将成为未来创业教育研究的重要走向。① 徐小洲等认为,新时代高质量、可持续发展成为创业教育的主题,未来发展需进一步厘清全球与本土、学校与社会、数量与质量、理论与实践、素质与技能、广度与深度、短效与长效、教师与导师、就业与创业、赛场与市场十大关系。②

此外,党建宁等依据数字徽章的技术特点,基于成就需要理论、双因素理论和期望理论,分析了数字徽章系统的设计模型和实施框架,从创业想法培育、创新创业训练、创业项目孵化、企业实际运营等徽章收入的四个来源,创新成果、创业绩效、成果转化和带动就业等奖励支出的四个方面,以及评估判定的三个层级,对双创教育中的课堂教学、项目培育、创业实践活动等多个环节进行有效整合,构建了高校创新创业教育动态评价体系。③ 刘海滨借鉴美国、欧盟、澳大利亚三者高校创业教育质量管理体系建设经验后指出,我国需建立高校创业教育质量标准,加强创业教育质量评估和监测,如借鉴美国构建政府、高校和第三方评估机构多方参与的教育质量评估网状体系,借鉴欧盟建立自上而下的创业教育质量管理体系,借鉴澳大利亚以立法形式对创业教育质量进行管理。④

由以上分析可以看出,国外和国内研究主题存在差异,国外研究注重创业教育的效果检验,而国内研究更多关注创业教育效果评价重要意义的论述。

2. 研究前沿

利用 CiteSpace 生成关键词时区图并进行突现词(burst term)检测,关键词时区图反映了该领域研究热点的变化态势和研究前沿,突现词是指在某个时间段内出现频次突然增加的关键词,它可以进一步反映研究的发展趋势。根据 WOS 创业教育评价研究文献关键词时区图(图 3-7)可知,最早出现的关键词是"education"(教育),2011 年起,"entrepreneurship"(创业)广受关注,接下来十年中,国外创业教育评价研究主题集中于"entrepreneurship education/enterprise education"(创业教育)、"university"(大学)、"higher education"(高等教育)、"enterprise management"(创业管理)、"student"(学生)、"intention"(意图)、"framework"(框架)、"attitude"(态度)、"performance"(绩效)、"knowledge"(知识)等,可见,大学生创业教育备受关注。另外,创业意图、创业教育框架、创业态度、创业绩效和创业知识的提升是近年来的热点,这些研究热点问题与高被引文献的研究内容相吻合。

1990—2021 年,创业教育评价研究领域共检测到 12 个突现词,图 3-8 显示了 12 个突现词的突现生命周期和突现强度。一般来说,突现词的生命周期为 2~3 年,突现后就开始慢慢消退或被其他突现词取代。然而在创业教育评价研究领域,2017 年以后出现了生命周期为 4 年及以上的突现词,如 2017—2021 年的"student"(学生)、2018—2021 年的"framework"(框架)。2019—2021 年,"attitude"(态度)、"intention"(意图)、"knowledge"(知识)这三个关键词突现,说明国外学者开始意识到创业态度、创业意图、创业知识在创业教育有效性评价中的地位。

---

① 徐小洲. 中国创业教育研究的特征和趋势——基于 2009—2018 年研究成果的计量可视化分析[J]. 中国高教研究,2019(3):52-60.
② 徐小洲,梅伟惠,韩冠爽. 论我国高校创业教育高质量发展的十大关系[J]. 高等工程教育研究,2021(1):155-161.
③ 党建宁,王多仁,景恬. 基于数字徽章技术的创业教育评价系统设计[J]. 电化教育研究,2020,41(9):75-80,101.
④ 刘海滨. 高校创业教育质量管理体系的国际比较研究[J]. 比较教育研究,2020,42(5):53-62.

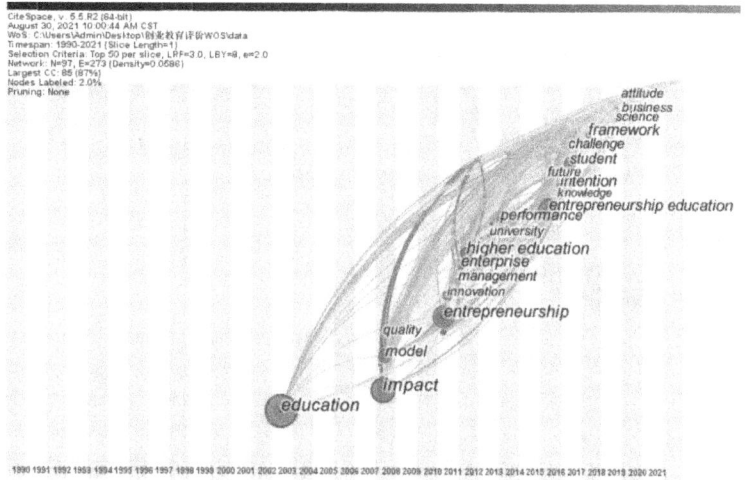

图 3-7 WOS 创业教育评价研究文献关键词时区图

Keywords	Year	Strength	Begin	End	1990—2021
student	1990	2.0893	2017	2021	
framework	1990	1.5175	2018	2021	
management	1990	3.9436	2012	2014	
attitude	1990	2.0216	2019	2021	
intention	1990	1.8478	2019	2021	
knowledge	1990	0.7248	2019	2021	
entrepreneurship	1990	3.3422	2011	2012	
model	1990	1.4203	2012	2013	
education	1990	2.085	2014	2015	
enterprise	1990	0.4633	2016	2017	
big data	1990	1.9521	2017	2018	
perspective	1990	2.2194	2018	2019	

图 3-8 WOS 创业教育评价研究文献的关键词突现检测

CNKI 创业教育评价研究文献关键词时区图(图 3-9)显示了国内创业教育评价 2006—2021 年的研究热点变化趋势,其中右上角的关键词反映了近几年创业教育评价的研究前沿。从图中可知,创业教育评价研究的主题较为集中,各主题词之间相关性较强,高校及大学生的创业教育研究不断受到重视,近年来强调创业教育的质量问题,甚至构建模型对创业教育有效性进行评估。2006—2021 年,在 CNKI 创业教育评价研究文献中检测到三个突现词——创业教育、创新创业、高校(图 3-10)。其中,"高校"这一关键词在 2018—2019 年突现,并获得了极大关注,这得益于高校的创业教育问题越来越受到关注,高校创业教育效果成为研究热点。

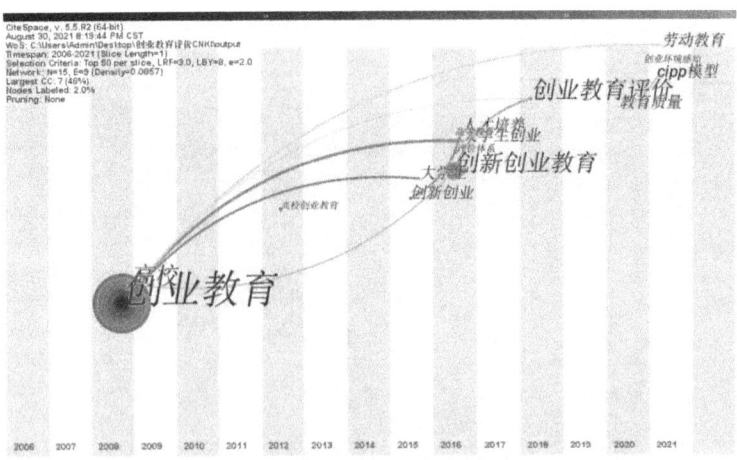

图 3-9　CNKI 创业教育评价研究文献关键词时区图

Keywords	Year	Strength	Begin	End	2006—2021
创业教育	2006	3.4657	2013	2014	
创新创业	2006	1.7725	2015	2016	
高校	2006	1.7048	2018	2019	

图 3-10　CNKI 创业教育评价研究文献的关键词突现检测

第二节　大学生创业领导力

一、概念界定

本书所界定的创业教育有效性是指创业教育能否有效培养学生的创业能力。因此,需进一步明确大学生创业领导力与创业能力之间的关系。如前所述,Rezaeizadeh 等认为,创业能力包括创造性思维、动机与意志力、人际沟通能力和领导力。Mets 等将创业能力划分为组织能力、关系能力、领导力、承诺能力、团队协调能力和冲突解决能力。对已创业大学生的调查显示,大学生创业者认为重要的前五项创业能力素质分别是责任感、决策力、市场意识、领导力和问题解决能力,大学生创业者认为重要而又缺失的创业能力主要为领导力、问题解决能力、团队创造力和基本财务管理能力,大学生希望创业课程内容更注重市场营销、创新思维训练、商业模式、领导力、人际沟通与交流、团队管理。① 在孕育阶段和初创阶段,完成创业任务所必需的关键创业能力主要包括创业者机会能力、资源能力、概念能力、战略

---

① 李凯,周建立.大学生创业能力素质现状及对策思考——基于 958 例在深创业者的实证调研[J].中国大学生就业,2018(24):34-41.

能力和领导力,①创业者必须具备指导和引领创业活动开展的领导力。② 研究者运用关键词分析法研究创业能力要素的重要性,发现排名前十的要素为与财经相关的要素、管理、创造、计划、社会能力、团队工作、沟通、市场运行、自我效能感,以及领导力、风险承担和创新(此三者并列第十),③创业能力中的领导力能为创业者带来人际沟通愿景,如说服他人、领导团队、获得资助。④

综上,本书认为,大学生创业领导力是大学生创业能力的组成部分之一。根据德里克创业领导力理论,大学生创业领导力包括大学生自我觉察、建立关系、激励他人、引领变革、掌握企业经营基本原理五方面的能力。

二、研究述评

国外部分学者关于大学生创业领导力的研究很有代表性,如在对创业领导力类似课程和创业教育文献的综合回顾的基础上,Okudan 等对宾夕法尼亚州立大学创业领导力课程演变进行研究,得出结论:基于项目式学习实践在提升大学生创业领导力方面最有成效。⑤最近,一篇与大学生创业领导力有关的文献对中东大学毕业生的课外活动和社会创业领导力进行了研究,作者将社会创业领导力界定为社会创业能力的表现,并发现:在新兴市场环境中,高等教育机构的课外活动和以学生为主导的活动俱乐部在毕业生社会创业能力发展中发挥了关键作用,激活了学生的社会创业意图和行为,因此,决策者应将高等教育机构重新定义为培养下一代社会领袖创业技能的场所,而不仅仅是学习的场所。⑥

国内对大学生创业领导力进行专门研究的文献较少,按检索条件(主题%='大学生创业领导力'or 题名%='大学生创业领导力' or title='大学生创业领导力'or v_subject='大学生创业领导力'),确定检索范围为"总库",在 CNKI 中进行检索,共得到文献 12 篇,其中学术论文 9 篇、学位论文 3 篇,见表 3-6。

表 3-6 　　　　　　　　CNKI 大学生创业领导力研究文献

序号	文献	作者	所载期刊/培养单位	发表时间	文献类型
1	《"互联网+"大学生"双创"教育中创业领导力影响研究》	崔健东	《内蒙古科技与经济》	2020-06	学术论文

---

① 朱秀梅,刘月,李柯,等.创业学习到创业能力:基于主体和过程视角的研究[J].外国经济与管理,2019,41(2):30-43.

② TEECE D J. A dynamic capabilities-based entrepreneurial theory of the multinational enterprise[J]. Journal of international business studies,2014,45(1):8-37.

③ 崔军.创业能力国外研究进展及其对高校创业教育的启示[J].高校教育管理,2017,11(5):53-61.

④ CHELL E,ATHAYDE R. The identification and measurement of innovative characteristics of young people:development of the youth innovation skills measurement tool[R]. London:Nesta,2009:8.

⑤ OKUDAN G E,RZASA S E. A project-based approach to entrepreneurial leadership education[J]. Technovation,2006,2(2):195-210.

⑥ BODOLICA V,SPRAGGON M,BADI H. Extracurricular activities and social entrepreneurial leadership of graduating youth in universities from the Middle East[J]. The international journal of management education,2021,19(2).

续表

序号	文献	作者	所载期刊/培养单位	发表时间	文献类型
2	《多维视角下高校学生创业领导力提升研究》	李莎	《中国成人教育》	2020-02	学术论文
3	《高职院校共青团服务大学生创新创业路径研究——以大学生领导力培养为视角》	何丽娟	《文教资料》	2019-01	学术论文
4	《大学生创业团队核心人员领导力、团队氛围及成长分析》	张敬惠	《学苑教育》	2018-06	学术论文
5	《大学生创新创业项目负责人企业领导力调查研究》	吕明	《常州信息职业技术学院学报》	2014-10	学术论文
6	《大学生创业教育与自我领导力培育》	陈正芹，吴涛	《探索与争鸣》	2013-12	学术论文
7	《自我领导理论视野下的高校大学生创业教育研究》	陈正芹，吴涛	《江淮论坛》	2013-03	学术论文
8	《论对大学生创业领导力培养和提升的策略》	樊晶，付明明	《怀化学院学报》	2011-11	学术论文
9	《大学生创业核心竞争力的培养与提升》	姚圣梅	《思想理论教育导刊》	2010-07	学术论文
10	《新时代大学生创新创业能力结构与现状研究》	李娜	东北师范大学	2019-05	硕士学位论文
11	《江西省高校大学生创业领导力提升研究》	赵培培	南昌大学	2018-12	硕士学位论文
12	《创业自我效能及其与创业意向关系研究》	丁明磊	河北工业大学	2008-05	博士学位论文

以上检索结果的计量可视化分析如图 3-11、图 3-12 所示。

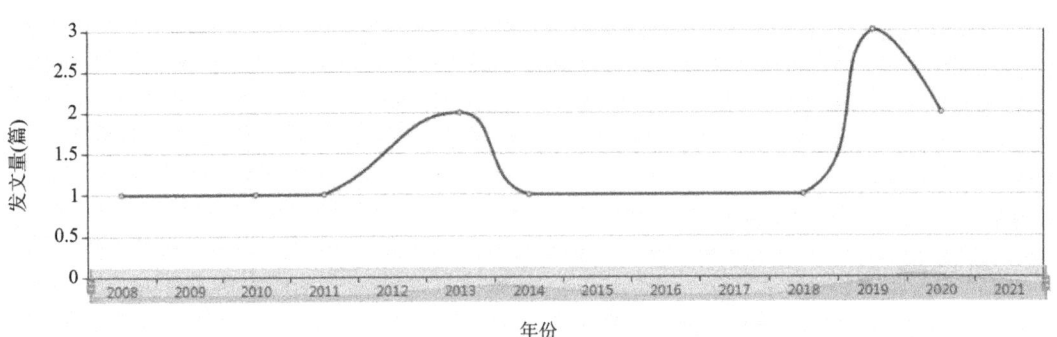

图 3-11 CNKI 大学生创业领导力研究文献变化趋势

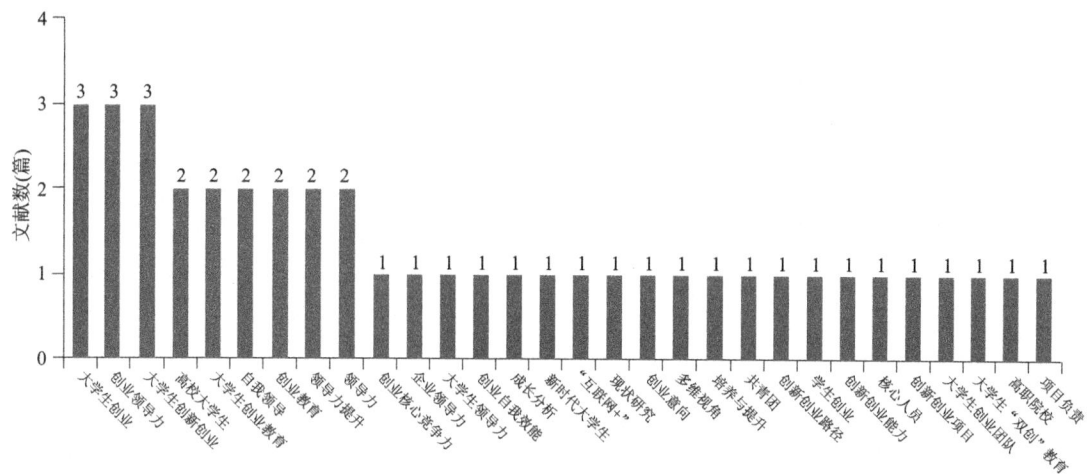

图 3-12 CNKI 大学生创业领导力文献主要主题分布情况

从表 3-6 和图 3-11 可以看出,大学生创业领导力在 2008 年就已受到国内学者关注,2014—2018 年属于研究空白状态,但到 2018 年,大学生创业领导力问题再次走进国内学者研究视野,2019 年更是成为研究热点,说明近几年学术界又重新关注到大学生创业领导力问题。

从图 3-12 主题分布情况看,在大学生创业领导力方面,国内文献主要关注"大学生创业""创业领导力""大学生创新创业",较多关注"高校大学生""大学生创业教育""自我领导""创业教育""领导力提升""领导力",并关注了"互联网+"和"多维视角"的创业领导力问题。

深入研究创业领导力对于深刻理解创业成功的要素至关重要,与普通管理者不同,创业者的主要任务是"创新"和"变革",创业实质是一种创建组织以及组织内部系统变革的活动,其关键在于领导变革。[①] 根据科特的领导力理论,领导力的三大核心概念是变革、愿景和文化,三者之间的关系是:领导的实质在变革,领导者需要创业精神;变革的关键在愿景,领导者需要远见卓识;愿景的实现靠人心,领导力受组织文化制约;变革的成功靠影响,领导力与政治文化相关,创业自我效能与创业者认知模式是创业领导力的源头和关键影响因素。[②] 大学生创业领导力最初是作为大学生创业核心竞争力出现的,提升大学生创业核心竞争力的重点在于培养学生的创业激情和冒险精神、创新创造力、顽强创业品质和创业领导力等,创业领导力主要集中于商业决策力、推动执行力、创新变革力、沟通协调能力、引领团队能力、个性化管理能力、诚信尽责、自我修炼八个方面,需开设"领导学""企业管理"等相关课程,在课堂教学中引导学生学习和领会领导力,并在课堂教学中注意将创业领导力教育与通识教育相结合。[③]

创业领导力是大学生创业成功的关键性因素,与大学生创业成功率之间存在着密切联

---

① 丁明磊.创业自我效能及其与创业意向关系研究[D].天津:河北工业大学,2008.
② 王云峰.领导力理论溯源及创业领导研究方向[J].技术经济,2008(6):21-26,49.
③ 姚圣梅.大学生创业核心竞争力的培养与提升[J].思想理论教育导刊,2010(7):114-117.

系。赵培培对江西省高校大学生创业领导力状况及相关情况进行实证研究,得出创业领导力构成中较为重要的能力分别是战略远见能力、组织领导能力、项目决策能力、不断学习能力、协调沟通能力、团队建设能力六项(图3-13)。其中,战略远见能力即战略性思维与预见能力,组织领导能力即领导者组织协调团队资源并带领团队成员实现组织目标的能力,项目决策能力即领导者面对问题与危机时的"拍板"能力。此外,信息多变时代要想取得创业成功,还须具备不断学习的能力、良好的协调沟通能力和团队建设能力。[①]

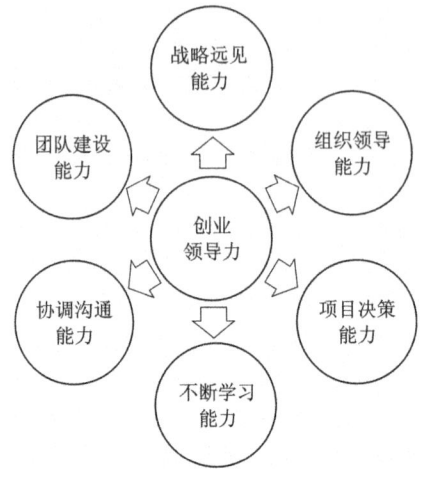

图3-13 大学生创业领导力构成模型

李莎指出,高校学生创业领导力是直接影响高校学生创业成功率的重要因素。目前看来,高校学生创业领导力提升还面临着来自地方政府、高校、社会主体以及高校学生自身的多维困境,如高校对创业领导力的认识不足,缺乏相关课程,师资建设不力,缺乏服务组织。因此,高校应做到:

①正确认识创业领导力,深化对创业领导力培育价值的认知,探索适合的创业领导力培育方式。

②开设相关课程,将创业领导力培育工作融入思政课程中,以通识选修课形式单独开设创业领导力课程或开设创业领导力实践课程,真正促进高校学生切实掌握创业领导力。

③加强师资建设,打造一支高水平、高素质的创业领导力培育师资队伍,集中开展创业领导力师资队伍培训工作,定期从大中型企业中聘请具备丰富领导经验的企业家举办以创业领导力为主题的教育讲座。

④成立专门的创业服务组织,降低学生创业风险,推动学生在创业实践过程中持续学习、感知、应用并最终提升创业领导力。[②]

---

① 赵培培.江西省高校大学生创业领导力提升研究[D].南昌:南昌大学,2018.
② 李莎.多维视角下高校学生创业领导力提升研究[J].中国成人教育,2020(3):41-44.

第三节 创业教育有效性与大学生创业领导力

一、概念联系与区别

事物间都是互相联系的。创业教育各概念间也存在不可分割的联系,充分认识这些联系,不仅有助于深入理解创业教育概念,而且有助于概念知识的系统化,从而清楚认识到各概念之间的联系与区别。

从概念层次看,"创业教育有效性"与"大学生创业领导力"属于不同的研究范畴。"创业教育有效性"关注高校创业教育的成效,属于创业教育研究的范畴;而"大学生创业领导力"关注大学生创业能力的表征,属于领导力研究的范畴。但二者都是针对创业活动而言的研究内容,本质上,两个概念都属于"创业"研究范畴,属于同一层次的概念,并无大概念与小概念的区别。

从概念属性看,"创业领导力"主要是一个学术概念,"大学生创业领导力"则将创业领导力的研究对象更多聚焦于大学生或大学生所创企业,"大学生创业领导力"的概念是可以依据现有领导力理论或创业领导力理论进行清晰界定的。相比之下,"创业教育有效性"借由概念的形式去衡量和评价创业教育的质量,在衡量指标及评价指向方面仍未达成共识。一方面,对"创业教育有效性"这一概念的研究更关注创业教育改变了什么,产生了什么样的结果,如"多大程度上培养了学生的创造能力";另一方面,关注创业教育是怎么做的,如从政策机制、课程体系、师资队伍、实践平台等方面看创业教育做得如何,质量怎么样。因此,"创业教育有效性"并非严格意义上的学术概念。

从概念关系看,"大学生创业领导力"的内涵和外延要小于"创业教育有效性"。大学生"创业教育有效性"的衡量要素之一是"大学生创业领导力",即能否有效培养和提升大学生的创业领导力是评价和衡量创业教育是否有效的重要方面,这也是本书重点研究的问题。从这一视角看,这两个概念虽然同宗同畴,但"大学生创业领导力"的概念因"创业教育有效性"评价和衡量的需要而产生,是提高创业教育针对性和有效性的重要研究课题,二者在统一框架内是有交叉和密切联系的。

二、研究述评

领导力是创业能力的重要组成部分,是大学生创业必须具备的能力。大学生要具备有效的领导力,首先要能够自我领导。美国创业教育实践非常重视大学生领导力培养,这正是美国大学生创业成功率高的一个重要原因。大学生创业领导力研究不仅有助于创业教育工作进一步科学化、规范化,提升大学生创业教育的针对性和有效性,也契合大学生创业能力需求,有助于提高大学生创业成功率。[①] 在过去几十年里,在全球大多数大学中,创业教育显著影响了常规管理教育,创业领导力和创业教育被一些人认为是常规管理教育的超集,而不是子集,很多教育领导者将创业思想、理论和技术看作21世纪全球可持续发展和繁荣的

[①] 陈正芹,吴涛.大学生创业教育与自我领导力培育[J].探索与争鸣,2013(12):106-109.

关键因素。①

对于大学生创业领导力与创业教育有效性的关系,现有研究主要基于创业教育培养目标论述大学生创业领导力问题。

一是论述了创业教育对培养大学生创业领导力的作用。如吕明以常州科教城高职院校学生创新创业项目负责人为对象进行研究,发现大学生参与创新创业项目对其企业领导力的影响表现为领导力总体得到提升、同伴们愿意跟随、能客观描述问题现状并鼓励成员面对困难。②

二是论述了在创业教育中培养大学生创业领导力的对策。樊晶等提出,大学生创业领导力的培养和提升,对于改变目前大学生创业教育效果不显著、大学生创业率和创业成功率不高的现状具有重要现实意义,应针对性通过注重观念引导、重视课程设置改革、增强榜样影响力量、塑造优质创业师资队伍、强化学生主体作用,有效培养和提升大学生的创业领导能力。③ Bagheri 等构建了一个基于动态的经验过程的大学生创业领导力发展模型,该模型定义了社会互动、观察和反思学习在创业领导力实践与教育中的作用。同时,以马来西亚本科生为研究对象,分析了大学创业项目在培养学生创业领导力上的作用,结果发现,大学创业项目在促进学生增强创业风险意识、形成全面创业计划等方面具有重要作用。④

---

① 刘丽君.知识创业教育导论:理工科研究生创新创业型人才的有效培养模式研究[M].北京:北京理工大学出版社,2010:134.
② 吕明.大学生创新创业项目负责人企业领导力调查研究[J].常州信息职业技术学院学报,2014,13(5):67-70.
③ 樊晶,付明明.论对大学生创业领导力培养和提升的策略[J].怀化学院学报,2011,30(11):97-99.
④ BAGHERI A,PIHIE Z A L. Role of university entrepreneurship programs in developing students' entrepreneurial leadership competencies: perspectives from Malaysian undergraduate students[J]. Journal of education for business, 2013, 88(1):51-61.

第四章 大学生创业教育有效性的客体评价——基于个体的追踪

创业教育的构成要素包括创业教育的主体和客体。创业教育的主体即创业教育的实施者——以高校为主体的创业教育培训机构,创业教育的客体即创业教育的受教育者——以大学生为主体的创业教育培训对象。从创业教育的客体出发,可以帮助创业教育主体把握创业教育的基本规律,避免创业教育的盲目性,提高创业教育的有效性。关于创业到底能不能教的争论在美国存在已久,梳理各类观点发现:有学者认为创业与任何学术一样,是可以被学习的,也有学者认为创业者是天生的,不能通过教育培养出来。[①] 这一争论,使从受教育者视角即从客体角度追踪创业教育的有效性显得更为必要,这可以促使我们在开展创业教育时能更有的放矢,如:可以帮助创业教育主体把握教授哪些内容可采取讲授形式,教授哪些内容必须采用实践形式;哪些学生可以作为未来企业家培养,哪些学生应作为工作岗位创新者培养。本章试图通过追踪个体、详细剖析个案来发现变量间的重要关系,实现对大学生创业领导力现象特征和创业教育有效性发展规律的深刻认识。

第一节 追踪对象

本章大学生创业者的个案研究对象为"大学生创业英雄"尚晓辉,其在上海第二工业大学计算机与信息学院就读时创立上海虞衡文化传播有限公司。以下为尚晓辉简要创业事迹。[②]

尚晓辉,上海虞衡文化传播有限公司总经理。"我们是一群普通的大学生,但是我们可以创造出平凡而伟大的事业。企业家要有自己的社会责任感。大学生更应该承担起社会责任。"这是总经理尚晓辉的话。造纸业是中国污染最大的行业,国内生产一吨纸需要平均消耗300吨水,每本书平均1斤,也就是说生产一本书就会产生300斤废水,拿普通500毫升瓶装水来说,那就是300瓶水的量。因此,书籍再循环意义很大。而现在社会上的书籍大部分被当作废品卖掉,有没有专业机构来解决这个事情呢?阅读使用二手书是一种"全民环保阅读方式"。尚晓辉他们的目标就是做中国全民环保阅读的倡议者与推动者,让更多的人接

[①] 陈高生,孙国辉.新世纪的国家竞争锐器:高校创业教育[M].北京:经济日报出版社,2012:18.
[②] 团中央学校部,全国学联秘书处,中国青年报社,等.弄潮儿向涛头立:寻访2015年大学生创业英雄活动百强事迹选编[M].北京:清华大学出版社,2016.

受全民环保阅读理念。于是尚晓辉团队开始创建书籍再循环二手书项目——金海攀月有笔记书店。

这是一个O2O项目——线下打造二手书连锁店,线上推出二手书交易平台。二手书上有细菌,为了保障二手书的质量,回收的每本书都会先经过"专业消毒"和"旧书再翻新"处理。经过清理的二手书会入库并被录入系统,最终在实体店和二手书平台销售。2013年,金海攀月创业团队正式启动二手书项目。经学校团委推荐,他们参加了青年创业投资服务大型电视节目《梦想创业团》,项目得到市团委与各大投资机构的认可。尚晓辉被评为上海市第四届创业先锋候选人。2015年,尚晓辉团队的项目推广到了22所学校,目前已经有20万人了解了他们的理念,6万多名大学生开始接受二手书,加入环保阅读大军。二手书电商平台正式推出,会员达到2万多人,团队年营业额超500万元,建立了两个2000平方米的仓库、两个实体连锁店和三个预开连锁店,以及一个网上平台(www.22.com),藏书100万册以上。同年,联合大学及社会组织多次举办为西部小学生捐赠图书的活动。

如今,他们正被"互联网+"的概念吸引并影响着。这个项目经过大数据分析后,被证实还可以有更大的发展空间。这个项目的部分客户是读书人,是一群有品位的客户,是宝贵资源,针对这部分客户,他们计划再造一个"中国特色版亚马逊",平台第二版即将正式推出,注册会员人数预计突破20万人,届时将帮助更多的贫困大学生,并将与更多的社会志愿者机构合作,帮助更多的西部学生丰富"阅读",让更多闲置的社会书籍资源更好地被利用。2016年,平台向全国正式推广。

(有删改)

如果没有一个好的创业环境,尚晓辉团队的创业梦想可能早就泯灭了。大学期间,学校给他们提供了一个很好的创业环境,各级领导都十分重视创业,设立了专门的创业指导机构,包含专业的"创业培训"课程并邀请社会上知名的企业家前来宣讲,为每个创业者安排创业指导老师,防止创业者走弯路。

大学生选择创业的时候不一定非要选择最热门行业,可以利用自己学到的知识结合互联网思维发掘更多的行业机遇,结合自身的发展规划用大学生的智慧与思维来改造、创新一些新型的或者尚未出现的行业。想要做一件有意义的事情,想要承担起社会的一份责任,就去社会中寻找这类企业,发现没有时就创造它,通过创建责任心和责任感的团队来承担起应该承担的社会责任与义务。

第二节 研究方法

一、个案研究

个案研究(case study),又称"个案调查",是指通过对某一方面的一个或几个典型案例进行深入、全面的考察,以描述、概括和解释个案所代表事物的一般特征和规则的定性社会研究方法。① 个案研究不只针对"人",还可以针对社会现象、群体、事件、关系、过程、经历

---

① 陆益龙.定性社会研究方法[M].北京:商务印书馆,2011:98.

等,也被比喻为"解剖麻雀法",研究者通过综合利用文献和档案记录、访谈、观察等方法收集有效、完整的资料,结合资料对研究对象的一些特征或属性进行深入、细致、全面的分析并得出结论,如同解剖麻雀一样。① 个案研究可以追踪观察,也可以采取回溯调查,如对一些具有特殊才能的儿童进行个案分析,调查他们的家庭社会背景、学习条件、个性特征、智力水平等,不但追溯他们的过去,还要跟踪他们的未来成就。②

作为一种重要的质性研究方法,个案研究被广泛运用于社会学、政治学、心理学、教育学、医学等多学科和领域,已成为了解复杂现象、探索具体问题的有效工具。与其他研究方法相比,进行个案研究的意义在于:

(1)利用个案研究能获得对某些现象或事件的深入理解,尤其适用于对"现象和背景之间的界限不是很清楚"的问题的研究。③

(2)个案研究对发展建构理论具有重要价值。通过具体个案以小见大,在深入了解个案基础上,为宏观理论概括奠定扎实基础。

(3)个案研究是检验甚至重新构建新理论的有效途径。个案研究具有"证伪"功能,无论有多少个个案,都难以证实某个普遍命题,而一个典型个案却足以否定一个普遍命题。④ 个案研究对于理论"反证"具有重要意义。换言之,不论研究者如何调查,都不可能得到全部的数据,所以永远会有个案存在,而某一个个案也有很大可能不符合之前研究得出的规律,于是前期研究结论就很可能被轻而易举推翻。例如,我们很难说"所有大学生创业者都是男性",因为我们很难收集到所有大学生创业者的资料并确定其性别,可只需要出现一个女性大学生创业者,就可以否定"所有大学生创业者都是男性"这一命题。

(4)研究基于现实生活背景的当代问题或现象时,个案研究具有明显优势。除了利用文献、档案记录、实物证据等资料外,研究者还可以运用访谈、直接或参与式观察的方法,近距离接触和感受现实生活中的问题。⑤

本书采用个案研究法对大学生创业者接受创业教育后的创业发展历程中的创业领导力进行深入的质的研究,剖析研究对象,从而揭示企业不同发展阶段大学生创业者创业领导力与创业教育之间的相互关系和作用,通过对个案的详细描述与分析发现重要变量,以实现对大学生创业领导力现象特征和创业教育有效性发展规律的深刻认识。

二、追踪研究

追踪研究(panel study),又称"纵向研究",是指对同一组对象在多个不同时间点上进行调查,收集资料,通过对前后几次调查所得资料的统计分析,探索社会现象随时间变化而发生的变化,以及分析不同现象之间的因果关系。追踪研究分为群体追踪研究和个案追踪研究,群体追踪研究如美国学者推孟从1921年开始对1528名超常儿童进行的研究,积累了

---

① 文军,蒋逸民.质性研究概论[M].北京:北京大学出版社,2010:95.
② 周宗奎.儿童心理与教育实用百科[M].武汉:湖北少年儿童出版社,2003:52.
③ 罗伯特·K.殷.案例研究:设计与方法[M].周海涛,李永贤,李虔,译.4版.重庆:重庆大学出版社,2010:21.
④ 中正大学教育学研究所.质的研究方法[M].台北:台湾丽文文化事业股份有限公司,2003:240.
⑤ 泥安儒,林聚任.社会调查研究方法纲要[M].济南:山东人民出版社,2012:127.

这些被调查对象从童年到老年的智力发展资料;①个案追踪研究如中国现代幼儿教育奠基人陈鹤琴通过对长子陈一鸣的追踪研究,探索儿童心理发展及教育规律,写成了中国第一部儿童心理学教科书《儿童心理之研究》。个案追踪研究尤其适用于两种情况:一是探索发展的连续性,个案追踪一般对相同的研究对象做长期连续不断的研究,对每个人或每件事的发展变化进行纵向比较,研究者可从中了解其发展的连续性;二是探索发展的稳定性,个案追踪研究可探索人的某些方面特质或研究某些教育现象在各个时期发展的稳定性情况。②

相较其他研究方法,追踪研究的优势如下:

(1)相比一次性、单点性的横截面调查研究(cross-sectional study),追踪研究通常需要跨越比较长的时间,因此可以用来分析一段时间或某几个时间点个体的增长趋势和个体之间的差异,从而更好地把握事物发展变化的动态过程,具有明显的可解释现象变化过程的特点。同时,追踪研究具有与实验研究相似的内在逻辑和功能,可以更为合理地推论变量之间存在的因果关系。对于探索复杂的社会现象、回答理论与实践问题,追踪研究具有重要的作用。然而,长时间的追踪研究常常会面临两个困难:一是研究样本会在追踪过程中减少,二是无关变量会影响对既定研究变量的考察。

(2)相比趋势研究,追踪研究能提供更多的信息。研究者能掌握不同个体在不同时间的状况,了解具体个体的变化情况,通过对个体的全面了解,把握总体的变化趋势。而趋势研究实际上是通过收集不同时间点的相同问题的资料,对相同问题进行不同时间点的比较,对一般总体在不同时期的态度、行为或状态进行分析,从而揭示研究对象随时间推移而产生的变化趋势。通过趋势研究仅能知道研究对象大致的变化趋向,却无法明确总体中具体个体的变化情况。③ 以追踪研究中较为典型的某群体就业情况变化为例,它包含的信息量就比通过趋势研究得到的信息量要多得多,这就是即便要花费很高成本也要做追踪调查的原因。④

但追踪研究存在两个问题:一是追踪研究的成本很高,要比趋势研究高很多;二是追踪研究对象会有损失,如果研究对象不愿配合研究,或是找不到原有研究对象等,那么追踪研究就无法继续进行。

追踪调查选定的时间要看所要调查的社会现象的变化速度。变化速度较快,前后调查间隔的时间就较短;变化速度较慢,间隔时间就可以相对长一些。从"过程追踪"角度研究大学生创业者,能为研究不同问题之间的联系提供可靠解读的观点体系。本书采用追踪研究方法,将追踪研究的时间段锁定在2016—2020年,对研究对象——"2015年大学生创业英雄100强"进行了五年追踪研究。从追踪对象个人及所创企业发展情况看,本研究追踪时间合理,有效避免了追踪研究可能出现的问题。

---

① 廖雪霏,戴彩云.儿童卫生学学习指导[M].合肥:合肥工业大学出版社,2017:4-5.
② 徐红.教育科学研究方法[M].武汉:华中科技大学出版社,2013:118.
③ 诸彦含.社会科学研究方法[M].重庆:西南师范大学出版社,2016:79.
④ 谢宇.社会学方法与定量研究[M].北京:社会科学文献出版社,2012:47.

第三节 个体创业历程及创业领导力追踪

一、创业历程与企业生命周期

20世纪60年代,美国经济学家波尔提出"循环经济"概念,这一概念在经济行为中表现为"3R"原则,即reduce(减量化)、reuse(再利用)、recycle(再循环)。其中,reduce是指在输入端减少产品生产使用的物质和能源流量;reuse是指在过程中延长产品和服务时间强度;recycle是指在输出端实现产品使用后重新变成再生资源。"3R"原则体现了人类对自身经济活动所面临的环境与资源约束问题的一种现实求解,促进了循环经济行为的再思考(rethink),如倡导产品循环利用,引导理性消费。循环经济催生了一系列新产业,开辟了循环经济理念的创业空间,而循环阅读正是遵循循环经济原理提出的,通过循环利用图书,减少全民阅读成本,提升全民阅读积极性。

(一)创业动因:循环经济催生循环阅读商机

从图书最终消费环节看,图书被消费者购买后,其去向可能有三个:一是留存消费者手中,二是被转赠,三是被当作报废物品处理。遵循循环经济原理的循环阅读可以解决第一个和第三个去向的图书资源循环利用问题。2013年,在上海第二工业大学就读的尚晓辉发现,每年毕业生离校时,许多教科书和其他书籍被当作报废物品处理,被随意扔弃或当作废纸卖掉,如果这些图书能被循环利用,不仅可以减轻造纸业带来的污染,也可以节省学生的购书成本,这其中蕴含着创业商机。于是,尚晓辉开始筹备"二手书环保项目",创办了上海虞衡文化传播有限公司,公司旗下运营"金海攀月有笔记书店"(渔书线下实体书店雏形)和"22世纪未来生活网"(渔书线上图书平台雏形)。

锁定"二手书环保项目"这一创业目标后,尚晓辉创业团队走遍上海、北京、南京、武汉、西安等城市的30多所高校的二手书店,经过市场调查发现,不少二手书店存在胡乱堆放、随意压价等经营不规范问题,想买到一本合适的二手书,犹如大海捞针。由此,创业团队参照国外二手书店经验,定制了书籍消毒专柜,在二手书入库前对每本书进行消毒、擦拭、修整,最终使得上架的二手书面貌焕然一新,品相达八成新以上。创业初期,团队认为:基于循环经济的循环阅读经营方式市场前景广阔,市场潜力巨大;二手书价格低廉并不代表书店服务低廉;只要能带来良好的阅读体验,消费者就愿意购买二手书。

(二)创业路径:循环阅读理念下的商业模式创新

商业模式创新作为一种新的创新形态,是企业的根本性创新。Osterwalder等人认为,商业模式建立在一系列构成要素及其关系之上,主要包括四个模块九项要素,四个模块即产品模块、基础设施管理模块、客户模块、财务模块,其中,产品模块是指企业的价值主张,基础设施管理模块包括核心资源、重要合作、关键业务,客户模块包括客户关系、目标客户、渠道通路,财务模块分为成本结构和收入来源。①

创业以来,渔书平台基于循环阅读理念,以社会和个人捐赠的闲置二手图书为载体,通过线上线下融合的方式,不断探索图书企业商业模式创新,有效解决了图书循环的经济动机问题。本书从上述商业模式的四个模块出发,结合渔书平台创业历程,描述渔书平台创造产品价值、传递产品理念和获取商业价值的成长路径。

1. 渔书平台的产品模块

产品模块是企业通过其产品和服务向消费者提供价值。渔书认为,书不是一次性用品,而是文化的承载体和传承体,让闲置图书得到充分循环利用,不仅能在一定程度上缓解环境压力,还能推动全民环保阅读,提高国民素质。因此,渔书主张"每一本你没读过的书都是新书""你们叫'它'二手书,我们叫'它'渔书""发挥闲置书籍最大价值,让每一本书都活起来""把旧书交给渔书,让每一本书发挥最大价值""图书循环是一种低碳环保的生活方式"。

2. 渔书平台的基础设施管理模块

(1)渔书平台的核心资源。

核心资源是企业维系生产运营不可或缺的要素,网络技术崛起和消费者阅读习惯改变,使实体书店在顾客分流、电子阅读、"快餐文化"的严峻挑战中逐渐衰败,因此,如何从缺乏竞争优势的实体书店资源中区分出核心资源尤其重要。渔书调查发现,98%的图书消费者把书当成一次性用品,看完新书后就会把书当作废纸卖掉,同时,大多家庭存在大量闲置图书。因此,渔书将闲置图书确定为企业核心资源,通过图书循环平台,创新图书企业商业化模式,采取线上线下结合的方式,实现闲置图书资源价值共享。短短一年内,渔书平台自发捐书用户达 270 万人次,促进图书循环 1200 万册次。

(2)渔书平台的重要合作。

重要合作是指企业的合作伙伴。20 世纪 80 年代中期,菲利普·科特勒在"4P"营销组合(product,产品;price,价格;place,渠道;promotion,促销)理论基础上创立大市场营销理论,引入公共关系(public relationship)和政治权力(political power)两大营销策略。大市场营销理论提出,在传统"4P"营销组合策略基础上,企业应对政治、经济政策的规定和变动给予重视,积极与政府配合,根据国家政治、经济政策现状作出营销决策。②

基于图书循环共享的商业模式及营销理念,渔书平台将政府部门和知名媒体确定为重要合作伙伴。

一是通过与政府部门合作,推广渔书公益事业,提高渔书品牌影响力。在商业模式创新过程中,通过对市场环境的分析,渔书把握政府倡导建设学习型社会、开展全民阅读活动的宏观环境,将循环经济的低碳、环保消费作为核心理念,立志推动全民环保阅读。渔书与深圳罗湖区政府、上海曹路镇政府、四川街子镇政府等达成合作,建设渔书共享阅读室 60 余间,在推广渔书公益事业的同时宣传渔书平台的运营模式,扩大了市场影响力。

---

① 参见董中发.基于九要素模型的 OFO 小黄车商业模式研究[J].现代商贸工业,2019,40(11):78-80.
② [美]菲利普·科特勒,加里·阿姆斯特朗.市场营销:原理与实践[M].楼尊,译.16 版.北京:中国人民大学出版社,2015:237.

二是与知名媒体合作,推广渔书品牌理念。渔书联合百度百科举办了大学生环保阅读节暨全民环保阅读公益发布会、"火种行动"等,倡导图书循环共享,使潜在消费者爱上图书循环阅读的低碳环保生活方式,接受"以更低成本享受到阅读乐趣"这一理念。

(3)渔书平台的关键业务。

关键业务即企业的内部价值链。渔书平台的关键业务是闲置图书回收与经营,这一过程中,物流管理、线下书店经营是其商业模式创新的重点。

①物流管理。闲置图书回收属于图书业的逆向物流环节,闲置图书的逆向捐赠及向线下书店的二次配送,成本高、收益低,而且不安全的运输方式会对书籍造成一定程度的损坏。因此,渔书选择与知名物流品牌京东物流合作,对区域范围内预约捐书的用户提供上门收书服务,提高了图书回收经营的物流效率。

在库存环节,渔书对接收到的书籍进行筛选、分类、消毒、翻新、入库,最终投入渔书"大渔池"中进行再次循环利用。再次循环利用的书籍主要有四个去向:公益捐赠乡村小学、城市建立共享图书馆、线下书店循环流通、环保再生。

②线下书店经营。近年来,面对图书行业衰退趋势,实体书店不断探索向新型实体书店转型。在此背景下,渔书平台在2018年开始布局线下空间,立足读者对实体书店多元化功能的需求,打破传统实体书店功能单一的经营模式,遵循"以书为核心、多元化为辅"理念。除图书外,书店还提供音乐、烘焙、桌游、摄影、咖啡、手工、旅游等经营服务,将书籍销售与"非书"经营有效结合,把单一书籍阅读消费体验转变为集阅读、休憩、审美等功能于一体的文化消费体验,实现了"书店+"模式的应用。①

渔书线下书店也尝试采用不同主题营造书店文化氛围,如:以有高话题度的电影《流浪地球》中的元素打造书店,以"流浪地球"为主题吸引影迷、科幻迷和其他市民光顾,宣传"参与图书循环,不让地球流浪""每一本图书都在流浪,期待着遇到有缘人再次实现自己的价值"等价值理念。② 同时,渔书还推出茶品牌"渔茶",打造阅读与茶饮结合的书店文化空间。

3.渔书平台的客户模块

(1)渔书平台的客户关系。

客户关系是企业同其消费者群体所建立的联系。创业初期,渔书平台面向上海市高校学生开展闲置书籍回收及销售业务。随着商业模式创新成功,目前,渔书平台已在全国300多个城市开通循环阅读服务。凡是有10本以上图书需要捐赠的客户,可通过渔书线上平台进行预约捐赠,渔书给予捐赠者购书2折优惠。读者从渔书购买的图书,仍能被渔书平台回收,从而实现书籍的循环共享。

(2)渔书平台的目标客户。

目标客户是企业所瞄准的消费者群体。渔书选择在已经拥有一定渔书用户的区域开设实体店,每一位愿意把书捐给渔书、认同渔书价值观的用户,都是渔书的目标客户。

---

① 许甲子,马赈辕.多元化体验经营在实体书店中的实践探索——以诚品书店为例[J].出版广角,2019(4):62-64.
② 刘喆.尚晓辉:以"渔"活书,公益环保路上写就青春坚守[J].高中生之友,2018(20):12-13.

(3)渔书平台的渠道通路。

渠道通路是企业用以传递价值主张的沟通和分销渠道。每一本渔书二手书都贴有一张"漂流二维码",顾客扫码后可了解到这本书之前的读者是谁。通过二手书溯源系统,渔书将每一本书的用户串联到一起,用户所捐图书流通到全国哪些实体店,都可在溯源系统上查到。渔书认为,用户对所捐赠图书的感情和时间投入,是渔书平台吸引客户的优势所在。如果用户到有渔书实体书店的城市旅游,发现自身投入感情和时间的书漂流到当地的渔书书店,可能会到书店看一看,见一见当地书友。

4.渔书平台的财务模块

(1)渔书平台的成本结构。

成本结构是指企业商业模式运转过程中的支出结构。渔书平台运营过程中的成本除了包括与传统书店相同的房租、人力成本,还包括图书逆向物流成本。然而,与传统书店不同,渔书销售的书籍主要来自用户自发捐赠,因此,渔书平台商业模式中并没有新书购买成本。

(2)渔书平台的收入。

渔书平台的收入是企业从顾客那里获得的。渔书平台图书线上和线下终端销售价格为原价的3.8折,收入来自线上平台和线下书店的二手图书销售。传统书店新书利润在2成左右,而渔书通过线上线下图书循环,第一阶段利润达到与传统书店持平;第二阶段通过循环阅读、图书共享模式的推广,吸引大量用户并精准营销,实现大规模盈利。2018年以来,随着市场认可度提升,渔书在全国多个城市成功开通线下书店。

消费者消费行为很大程度上受相关群体的影响,只要某一用户在渔书进行闲置书籍捐赠,就会引导其家庭成员和其他亲友的消费行为,那么,这些接受图书循环理念的用户,都会成为渔书的潜在消费者。在循环阅读被广为认可的时代,渔书平台创业的成功,不仅是图书企业商业模式创新的成功,更是商业理念创新的成功。相较传统书店,渔书平台的优势在于没有新书购买这一环节成本的持续投入,通过图书循环解决了实体书店的书源问题。渔书总部通过分析线上图书捐赠数据,结合当地人口结构、图书消费习惯等因素,为各地实体书店统一配备书籍,同时结合实体书店销售数据进一步实现书籍的精准配给。可以说,渔书商业模式创新的本质是技术创新,图书捐赠、书籍销售和书籍配给的数据分析处理才是渔书商业模式创新的核心。

(三)创业成长:企业的生命周期追踪

对尚晓辉所创企业的发展历程按时间梳理如下:

2013年,尚晓辉创业团队正式启动二手书项目。

2015年,将二手书项目推广到22所高校,正式推出二手书电商平台,会员达2万多人,年营业额达500多万元,建立两个2000平方米的仓库、两个实体连锁店和三个预开连锁店,搭建一个网上平台(www.22.com),藏书达100万册以上。

2016年,向全国推广二手书电商平台。

2017年4月,全国首家生态环保阅读书城——金海书城开业。

2017年6月,二手图书循环共享平台"渔书"在上海成立,致力于用行动推动全民环保阅读。

2017年7月,渔书捐书移动端H5、公众号以及WMS新版、仓库&商城系统上线。

2018年4月,A轮融资3000万元。

2018年6月,举行首届全国渠道商大会。

2018年7月,受邀参加亚太峰会,建立首个5000平方米标仓。

2018年,渔书循环图书达1200万册,线上注册用户达400万人,在全国建立114个循环共享图书室;开通微信公众号预约捐书功能,全国344个城市快递免费上门取书。全年共148所贫困学校获得渔书平台捐赠图书116911册。

2019年,渔书线上注册用户突破800万人,循环二手图书3600万册,渔书成为全国领先图书循环共享平台。多条主线同步推进,布局线下战略:渔书共享图书室落户社区营造书香世界、渔书共享书店目标"千城万店"、渔书公益项目实现精准扶贫、渔书线下书店在北上广深等城市落地……

截至2020年1月,渔书已在全国开设300多家实体书店,线上注册用户超过830万人,循环书籍4600万册,成功构建可持续图书循环平台。

2020年2月,硅谷动力"2019年度魅力书店品牌TOP20"名单出炉,渔书位列榜单第二,第一为新华书店(所属企业:新华书店总店),"樊登书店"[所属企业:樊登书店(重庆)有限公司]位列第三。

2020年6月,全国300多家渔书书店陆续复工。尚晓辉认为,"危与机永远是并存的,扛过疫情,或许机会就来了。"

2020年11月,上海第二工业大学校园书店正式开业,"曹路·上海第二工业大学-渔书"新时代文明实践基地同时挂牌。

此外,根据天眼查企业年度报告中"城镇职工基本养老保险、职工基本医疗保险、生育保险、失业保险、工伤保险"缴纳职工人数看,上海虞衡文化传播有限公司2016年缴纳各项保险职工数为0人,2017年为7人,2018年为16人,2019年为40人,2020年为36人。

根据本书第二章第三节对创业企业生命周期初创期、存活期、成长期及成熟期四个阶段的划分标准,综合考虑企业年龄、产品水平、创新意愿、市场状况、盈利能力五个变量的相关情况,对尚晓辉创业企业的生命周期进行划分,如图4-1所示。

由图中可以看出:尚晓辉创业企业初创期是以大学生创业基地的形式出现的;创业项目的准确选择一定程度上促进了以创始人为核心的创业团队的形成,存活期实现了企业第一次业务拓展——推出二手书电商平台,实现企业盈利,企业存活;第一次业务拓展的成功,帮助企业获得了大笔融资,成长期企业实现第二次业务拓展与转型,一是建立创业企业品牌,二是经营范围从线上向线下拓展,开拓线下实体书店连锁经营模式;实体书店连锁经营模式在2019年实现稳定,企业规模稳定,进入成熟期。

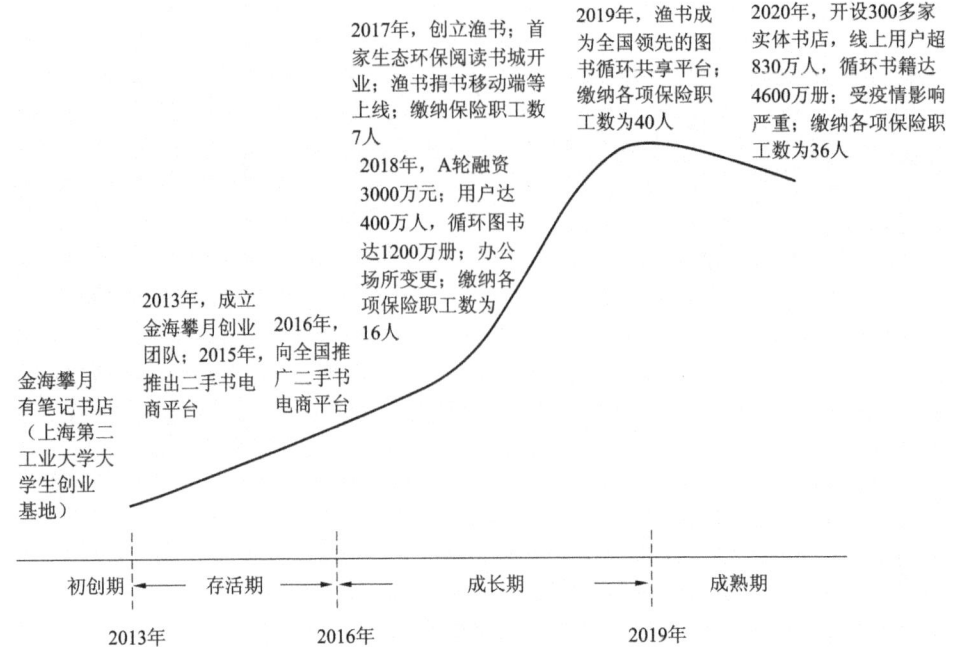

图 4-1 尚晓辉创业企业个案生命周期阶段

二、企业创始人创业领导力追踪

(一)研究方法

为了提高研究效度,本部分研究依据多个信息源分析案例,主要通过一手数据和二手数据采集整理资料。一手数据采集主要通过实地访谈形式进行。实地访谈采用半结构化访谈(semi-structured interview)形式,采访者通过与受访者个体进行面对面深度交谈,了解受访者的心理和行为,访谈主题为在学校接受创业教育的情况、企业目前的经营状况、创业者的创业领导方式、创业者对学校创业教育的态度与情感等(附录二为半结构化访谈提纲)。二手数据包括:①关于研究对象的媒体素材,如企业网站介绍、相关新闻报道、个人事迹材料等;②在调研过程中从个案处获得的与个案有关的相关文献,如内部报纸、个案演讲视频、个案微信朋友圈信息等。

本部分研究共收集到与研究主题相关的个案文本数据 3 万字,并通过多个信息源分析实现以下目的:①不同来源资料相互印证,形成"证据三角形",使研究结果更准确,更有说服力;②最大限度地梳理个案所受创业教育、创业领导力成长线索;③发现不同线索的作用力度;④探索不同线索能发挥作用的深层次原因。

(二)分析工具①

NVivo软件为澳洲QSR公司发行的用于质的研究分析的软件包,能对文章、访谈、调查结果、音频、视频、图片、网页或社交媒体等内容进行处理,并对与研究主题相关的信息点进行编码汇总,帮助研究者发现数据间的微妙联系。NVivo软件旨在帮助研究人员运用通用的定性分析技术来组织、分析和共享数据,同时也可以让研究者更有效地就数据进行提问。

NVivo软件强大的智能应用程序将质的分析和观察带到了一个全新层面,有助于研究者在浩瀚的文字和图片中快速筛选出有效信息并进行思考。然而,需注意的是,NVivo软件虽可以帮助研究者管理、发掘和查找数据,但无法取代研究者进行专业的分析。以本章个案研究为例,NVivo软件的分析流程如图4-2所示。

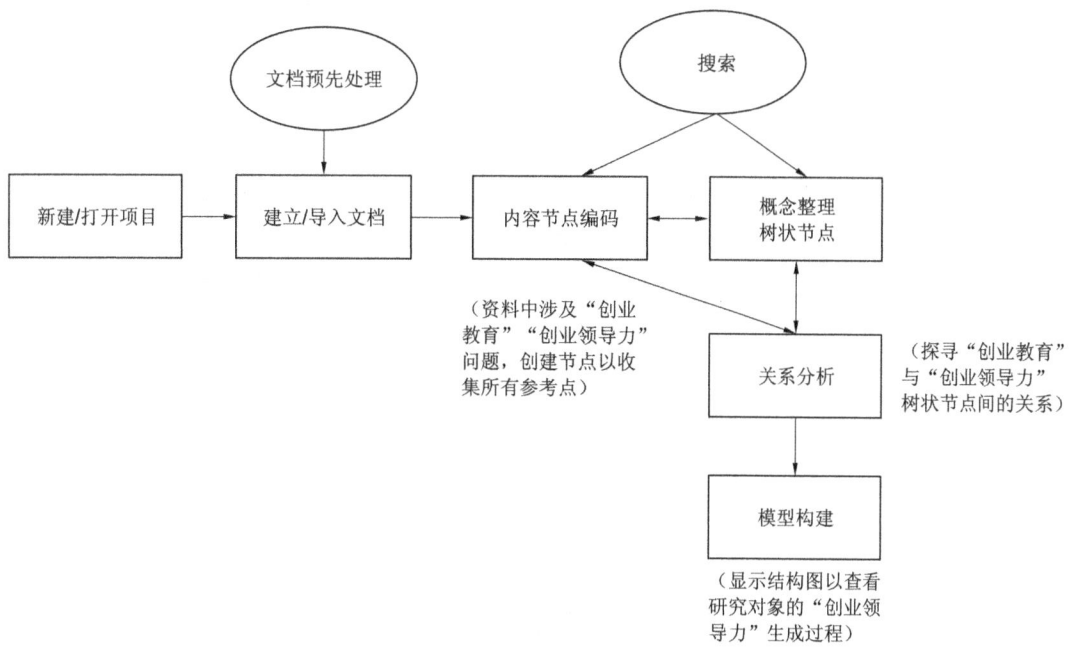

图4-2 NVivo软件个案分析流程

(三)编码方式

NVivo软件的编码方式通常有两种:一是根据研究主题确定编码节点,形成研究框架;二是先对文献信息进行编码,形成若干子节点后再进行整合。本研究采用第一种编码方式,基本过程为:第一,收集材料,统一文献格式,导入NVivo软件中;第二,运用NVivo软件对文献进行编码,将文献中的信息对应编码至节点,形成编码参考点;第三,导出节点编码统计表;第四,基于NVivo软件的探索功能,探寻一级节点间的关系,构建创业教育有效性的结

---

① 本部分文字主要参考文献:韩伟,兰文巧.青年微博语境中的政党认同——基于对"侯聚森-侧卫36"微博评论的NVivo10质性分析[J].中国青年研究,2016(2):78-83,77.

构模型。

在个案质性分析中,NVivo编码形成三级节点,各级节点之间具有从属关系:三级节点是从质性数据中提取的原始信息点;二级节点通过整合具有相似含义的三级节点得到;一级节点则基于研究主题产生,即在创业企业生命周期阶段的不同时期,大学生创业者的创业领导力是否发挥作用,哪些方面的创业领导力更为重要。此外,还研究创业教育对大学生创业领导力的形成是否有效,具体是哪些因素发挥了效用。根据分析流程及研究目的,本研究为个案初创期、存活期、成长期、成熟期分别创建了编码节点。在编码过程中,本研究的两个一级节点为"创业教育"与"创业领导力",其下属的二级节点见表4-1,每个二级节点的具体释义及观测的具体要素已在第三章第一节大学生创业教育有效性概念界定部分进行了阐述,对各要素的观测内容也在表3-1中进行了说明,此处不再赘述。

表4-1 个案研究的一级节点与二级节点

一级节点	二级节点	参考点举例
创业教育	政策机制	2011年3月,最初创业的8名学生面临毕业,团队需要一个新的"领头羊"。上海第二工业大学计算机与信息学院通过选拔推荐的方式,经过仔细考量,决定让尚晓辉担任公司总经理
	课程体系	学生在创业班学了很多理论知识,不能代表实践的东西,但没有理论知识做辅助的话……
	师资队伍	学校专门安排辅导教师在理论方面为创业学生提供支撑,帮助学生建立创业基础知识体系。辅导教师还时刻关注学生创业进程,随时给予悉心指导,助力学生实现创业梦想
	实践平台	经过一段时间的运作,尚晓辉回收的书籍越来越多,还创办了金海攀月有笔记书店。"有了这个地方,事情就好办多了。"尚晓辉说
创业领导力	自我觉察	尚晓辉认为自己是比较实在的人,喜欢做事,真心想把精力放在事业上
	建立关系	尚晓辉认为,社会上钱多,资源多,别人为什么要给你,钱为什么要给你,资源为什么要给你,那就解决这个问题。如果你能够解决这个问题,那说明你已经做好了准备了,如果做好了这个事情会得到社会的认可,大家认可你的时候,你的家人、亲戚、朋友就会给你钱
	激励他人	在尚晓辉看来,创业路上真正的难题是找到一批志同道合的人一起创业。"当时很多人不理解,我只能随便找了两个人单干。我认为创业就要让自己在路上,当你在路上的时候,就会有人看到你,这些看到你的人就可能是你未来的合作伙伴。"
	引领变革	尚晓辉到任后发现,公司经营项目有些分散,个别项目盈利空间有限且难以做强做大。为了寻找出一个可以做"精"的项目,他通过一次次实践与摸索,最后发现了校园二手书的商机
	掌握企业经营基本原理	公司经营模式是非常良性的,但运营成本高。尚晓辉认为,从整个产业链来说,减少物流运输的成本,公司的整体成本会降低一些。因此,尚晓辉决定与京东物流合作,既保证了图书的运输安全,又提高了图书回收经营的物流效率,更节约了成本

以个案初创期为例,其编码节点情况如图4-3所示。

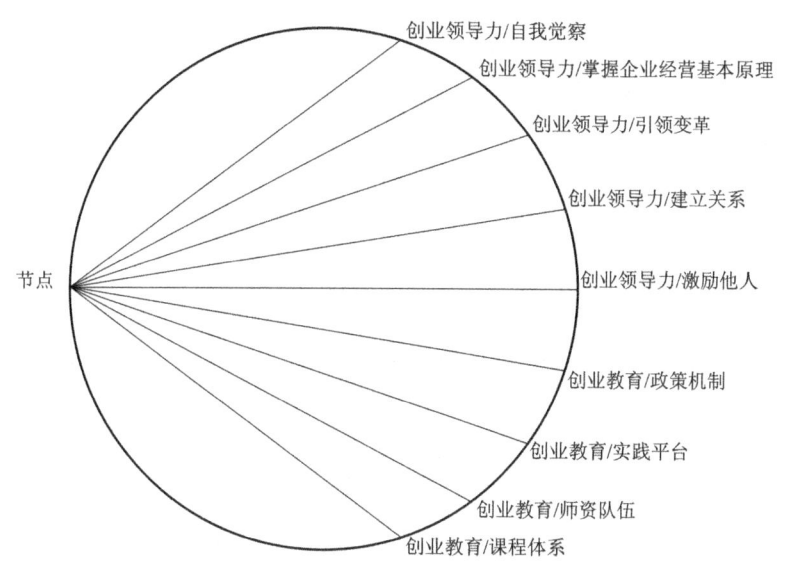

图 4-3　个案初创期编码节点连接图

(四)聚类分析

NVivo 软件的探索功能可计算节点间的皮尔森(Pearson)相关系数,Pearson 相关系数 r 的绝对值越趋近于1,表明相关性越强,变量之间的影响程度越大。通常情况下,可根据 $|r|$ 的大小判断变量间的相关强度:$0.8<|r|\leqslant 1.0$,极强相关;$0.6<|r|\leqslant 0.8$,强相关;$0.4<|r|\leqslant 0.6$,中等程度相关;$0.2<|r|\leqslant 0.4$,弱相关;$0.0<|r|\leqslant 0.2$,极弱相关或无相关。

第四节　创业教育有效性的个体考察

在个案研究中,对创业教育有效性的考察主要看创业教育是否有助于大学生创业者创业领导力的养成,即创业教育是否对大学生创业者的创业领导力产生了显著性的影响。

一、创业企业不同发展阶段大学生创业者创业领导力分析

本研究对编码相似性进行聚类分析,得到了企业不同发展阶段创业领导力相关关系,见表 4-2。

表 4-2　　创业企业不同发展阶段创业领导力编码的聚类分析结果

创业企业发展阶段	创业领导力	Pearson 相关系数
初创期	掌握企业经营基本原理	0.892601
	自我觉察	0.865036
	建立关系	0.843544
	激励他人	0.769168
	引领变革	0.712066

续表

创业企业发展阶段	创业领导力	Pearson 相关系数
存活期	掌握企业经营基本原理	0.901156
	建立关系	0.844782
	自我觉察	0.840161
	激励他人	0.766932
	引领变革	0.684372
成长期	掌握企业经营基本原理	0.941106
	自我觉察	0.870655
	建立关系	0.808686
	激励他人	0.771476
	引领变革	0.708689
成熟期	掌握企业经营基本原理	0.792712
	建立关系	0.721452
	自我觉察	0.698632
	激励他人	0.632488

由表4-2可知创业企业不同发展阶段大学生创业者创业领导力的具体表征。

初创期，创业领导力中的掌握企业经营基本原理、自我觉察、建立关系这三个能力表现出极强的相关关系；激励他人和引领变革能力则表现出强相关关系。可见，在初创期，需要创业者掌握企业经营基本原理，觉察自身的创业特质，并对自己的创业动机有一个明确认识，同时，还要能与创业团队或创业支持方建立关系，以成功搭建创业雏形。此外，创业者还需要激励团队成员认同其创业目标并愿意追随，并以创业领头人身份作出与创业项目相关的决策。

存活期，大学生创业者五方面的创业领导力同样显示出强相关关系。与初创期有所不同，存活期五方面创业领导力相关关系由极强到强分别为掌握企业经营基本原理、建立关系、自我觉察、激励他人、引领变革，其中，掌握企业经营基本原理的Pearson相关系数达0.901156。也就是说，与初创期相比，存活期更要求大学生创业者具备掌握企业经营基本原理的能力。这一时期，创业者已对自身的创业动机、创业特质等有较充分的认识，自我觉察能力由第二位退居第三位，而建立关系能力则由第三位跃居第二位。通过查询"存活期"案例的"建立关系"节点发现，这一时期，创业者具备大师级的建立关系能力，能够识别企业各种复杂关系中哪些关系是合作型的，哪些关系是竞争型的，哪些关系是妥协型的，并能通过调整经营决策，将不利关系转化为有利关系，从而让企业更富有生产力。

成长期对大学生创业者领导力的要求与初创期相似，即创业领导力中掌握企业经营基本原理、自我觉察、建立关系的能力表现出极强相关关系，激励他人和引领变革能力表现出强相关关系。但此时需注意的是，成长期大学生创业者掌握企业经营基本原理能力的Pearson 相关系数是企业所有时期中最大的,为 0.941106。

成熟期的特殊性在于:前三个时期大学生创业者五方面的创业领导力都显示出强或极强相关关系,但成熟期引领变革能力未显示出强相关关系,这一现象与第二章第三节爱迪思企业生命周期理论所述的成熟期企业发展特征较吻合,即企业生命周期的成熟阶段,企业依然强健,但是开始丧失鼓励变革的氛围。

二、创业企业不同发展阶段创业教育的有效性分析

对于在创业企业不同发展阶段,创业教育的哪一方面发挥了作用,抑或创业教育哪一方面发挥的作用更明显,本研究试图从政策机制、课程体系、师资队伍、实践平台这四要素入手进行分析。创业企业不同发展阶段创业教育政策机制、课程体系、师资队伍、实践平台的聚类分析结果见表 4-3。

表 4-3　　　　创业企业不同发展阶段创业教育编码的聚类分析结果

创业企业发展阶段	创业教育要素	Pearson 相关系数
初创期	实践平台	0.863424
	课程体系	0.769577
	师资队伍	0.75755
存活期	实践平台	0.808448
	课程体系	0.674117
	师资队伍	0.662479
成长期	实践平台	0.736122
	师资队伍	0.630398
	课程体系	0.611193
成熟期	实践平台	0.631334

由表 4-3 可知:

(1)在创业企业的初创期、存活期和成长期,除政策机制外,创业教育的实践平台、课程体系、师资队伍要素均发挥了有效作用。

(2)从各时期不同编码的 Pearson 相关系数变化趋势看,随着创业企业发展阶段向前推进,创业教育的实践平台、课程体系、师资队伍三要素的 Pearson 相关系数不断降低。其中,实践平台对创业教育的影响最为显著,但随着企业不断发展,创业教育对企业发展的影响逐渐降低,有效性有所削弱。而到了成熟期,除实践平台外,其他要素将不再产生影响。可见,创业教育的实践平台要素在大学生创业企业成长过程中发挥主要作用。

三、创业教育对创业者创业领导力的有效性分析

接受创业教育后,哪些创业教育要素对大学生创业领导力的养成发挥了作用?创业教育与创业领导力编码的聚类分析结果见表4-4。

表4-4　　　　　创业教育与创业领导力编码的聚类分析结果

创业教育要素	创业领导力	Pearson 相关系数
课程体系	掌握企业经营基本原理	0.66478
	建立关系	0.623734
	自我觉察	0.627588
实践平台	掌握企业经营基本原理	0.779856
	自我觉察	0.758991
	建立关系	0.750904
	激励他人	0.65091
	引领变革	0.620265
师资队伍	掌握企业经营基本原理	0.66261
	建立关系	0.64931
	自我觉察	0.605774

由表4-4可知:

(1)创业教育中的实践平台要素对培养大学生五个方面的创业领导力均有效,均表现出了强相关性。

(2)创业教育的课程体系、师资队伍两个要素在培养大学生创业领导力上发挥了部分作用,主要培养了大学生掌握企业经营基本原理、建立关系、自我觉察的能力。

(3)创业教育的政策机制并未在大学生创业过程中表现出对大学生创业领导力的影响。但深入分析发现,其他要素作用的发挥,是以高校的创业政策支持为基础和前提的,特别是实践平台作用的发挥,更有赖于政策机制对学生实践场地、实践资金、实践机会的保障和支持。

四、创业者对创业教育的情感分析

个案在创业企业不同发展阶段对学校创业教育编码的情感聚类分析结果见表4-5。

表 4-5　个案在创业企业不同发展阶段对学校创业教育编码的情感聚类分析结果

创业企业 不同发展阶段	对创业 教育的情感	Pearson 相关系数	参考点举例（个案自述）
初创期	正向/ 较为正向	0.635089	学校的（创业）教育还是蛮有作用的,对学生而言,高中时候的目标是为了考上理想的大学,但是考上大学之后,很多学生都有一个迷茫期,大学是学生走上社会的跳板,每个人都要有一个选择发展的方向
初创期	负向/ 较为负向	0.597902	创业心态,我发现很多创业教育都忽略了对这一点的教育,创业教育的第一步肯定要调整学生的心态,以后再谈理论,然后再引导一下学生什么叫合理的项目,什么叫作合理的规划,项目如何去做。中国自古有"师傅引进门,修行靠个人"的说法。师傅引进门后,后面靠自己了,但是"引进门"一定要引对,如果引偏了,完全只是理论性的东西,没有健康的创业心态,仍然是不利于创业实践的
初创期	负向/ 非常负向	0.493669	专业对我创业没有多大帮助,自己虽然报了这个专业,但是在大学时把自己的人生定位好后,心思就不在专业上了
存活期	正向/ 较为正向	0.562585	创业其实就是一个理论加实践的过程,创业培训班帮助我们少走很多弯路。学校在我们创业起步的时候起到了很重要的作用
成长期	负向/ 较为负向	0.576199	创业不要盲目跟风,不要现在流行什么我就做什么,当你跟风的时候你离失败已经不远了。如果接受了创业教育后仍然盲目跟风,建议你不要创业

由表 4-5 可以看出,在创业企业不同发展阶段,大学生创业者对学校创业教育的情感有所差异:

(1)初创期和存活期创业者均认可学校创业教育的有效作用,如:在创业企业初创期,学校创业教育有效培养了学生的创业意识,激发了学生潜在的创业意愿;到了存活期,创业者也认为学校创业教育"帮助我们少走很多弯路",换言之,创业者认为学校创业教育在存活期提升了其创业效率。

(2)在成长期,大学生创业者对创业的认识趋于理性。在创业教育实施过程中是否鼓励学生创业这一问题上,创业者认为"创业不要盲目跟风",而应该冷静选择是否创业,冷静选择所要进入的创业行业和创业项目。

(3)不管是在访谈还是个人演讲过程中,在企业成熟期,大学生创业者并没有提及学校创业教育,可见,创业教育的"滞后性"是有一定期限的,随着创业时间的推移及创业企业的不断发展,创业者的创业行为、创业决策等更多依赖于前期创业经验,而非学校创业教育。

第五节　个体追踪研究总结

一、大学生创业领导力的培养要点是机会相关能力

创业者的独特能力是机会相关能力,即能识别并抓住机会来选择创业项目。Bartlett

等将机会相关能力概括为企业家通过各种手段捕捉和孕育市场机会的能力,这种能力蕴含于企业家识别、利用并开发机会的行为之中。① Teece认为动态的机会相关能力可分为机会感知能力、机会把握能力和机会利用能力。② 张玉利等认为有前景的创业机会是创业成功的关键,机会相关能力包含机会能力、关系能力和承诺能力,相对而言,缺乏行业经验的创业者由于不具备相关行业信息和知识,其创业机会识别和开发的领域范围要比拥有行业经验的创业者狭窄。③ 尹苗苗等认为机会相关能力是衡量新企业个体层面、团队与组织层面创业能力的重要维度之一,是企业应对外界环境的能力,即企业是否具有从外界获得信息然后把握机会的能力。④

机会相关能力能给创业者带来以下优势:

(1)提高创业者的机会警觉性水平,从而使创业者在高度变化的创业环境中保持敏感,使创业企业更快适应环境变化。

(2)丰富创业者的知识与经验,有助于创业者保持专注,在未来捕捉到更多创业机会,实现机会识别的良性循环。

(3)有助于创业者不断适应复杂商业环境,并在这种复杂商业环境中通过创新、合作、资源重组等使创业企业得到成长。

也有一些学者采用风险承担能力来测量机会相关能力,⑤但其他学者对这一指标能否准确表征机会相关能力存疑。⑥

对个案五方面创业领导力编码的具体分析发现,创业领导力更多体现为大学生创业者的机会相关能力,换言之,创业领导力的每一方面均以创业者的机会相关能力为基础。

在创业企业初创期,自我觉察能力越强的大学生创业者,其创业知识储备动机就越强。创业者能力必须与想从事行业的要求相匹配,若创业者选择市场化程度低、技术含量不高的行业,其成功创业所需要的特殊技术可能少一些,但若想在一些特殊行业成为创业领导者,还要拥有最低限度的某项特殊技术,这本质上是机会相关能力的一种知识储备。此外,创业者的自我觉察能力越强,其创业动机就越明确,如果创业者了解自己的真实动机,就很可能找到一个正确的领域,更好地发挥自身已有的优势,或者迅速具备成功所需的优势技能,成为一名创业领导者。对目标的信心,有助于创业者摆脱那些阻碍梦想实现的恐惧心理,在创业过程中对企业经营方向、战略选择也更有信心。

在激励他人方面,机会相关能力使大学生创业者发现创业机会并选择有市场前景的创业领域,从而获得创业团队认可并使他们愿意追随其创业。如个案中,心怀环保理念的尚晓

---

① BARTLETT C A,GHOSHAL S. The myth of the genetic manager:new personal competencies for new management roles[J]. California management review,1997,40(1):92-116.
② TEECE D J. Explicating dynamic capabilities:the nature and microfoundations of(sustainable) enterprise performance[J]. Strategic management journal,2007,28(13):1319-1350.
③ 张玉利,王晓文.先前经验、学习风格与创业能力的实证研究[J].管理科学,2011,24(3):1-12.
④ 尹苗苗,孙鹤,马艳丽.新企业创业能力的跨层面转化机制研究——基于高科技行业的案例分析[J].外国经济与管理,2018,40(10):17-30.
⑤ JIAO H,OGILVIE D,CUI Y. An empirical study of mechanisms to enhance entrepreneurs' capabilities through entrepreneurial learning in an emerging market[J]. Journal of Chinese entrepreneurship,2010,2(2):196-217.
⑥ 尹苗苗,费宇鹏.创业能力实证研究现状评析与未来展望[J].外国经济与管理,2013,35(10):22-30.

辉,同时具有敏锐的市场眼光,他和几个志趣相投的朋友组建了上海虞衡文化传播有限公司,专门开展废旧闲置图书的回收再利用业务。

识别创业机会(如获得投资)有助于创业者建立合作关系,这是创业企业获得成长的必要条件。

创业企业度过初创期后,更需要创业者在复杂商业环境中具备机会识别和利用能力,从而通过创新、合作实现创业企业的发展变革。如个案中,尚晓辉发现公司经营项目有些分散,个别项目盈利空间有限且难以做强做大。为了开发出一个可以做"精"的项目,他通过一次次实践与摸索,最后发现了校园二手书的商机。

而掌握企业经营基本原理能力更要求创业者具备机会相关能力,作出有效的经营决策,在关键时刻实现企业经营转型。

随着社会经济发展,数字经济、共享经济、跟踪经济、众筹经济、合作经济和智能经济等新经济形式不断涌现,大学生创业机会大量增加,因此,机会相关能力是大学生创业者必不可少的能力。对高校创业教育而言,创业人才培养的首要任务是培养创业者具备机会相关能力,在课程设施、实践平台、创业资源、创业知识推送等方面帮助学生了解政策导向、发现市场需求,使学生具备敏锐的商业眼光以及捕捉市场机会的能力。

二、创业教育的根本在于培养大学生的创业心态

根据本书第二章德里克创业领导力理论,五方面的创业领导力按熟练程度可划分为基础级、胜任级、大师级三个级别。大师级创业领导力表征为在各种压力情境下,创业者能采用适当策略,找到少数能与之工作并能帮助其实现愿景的人,或能在各种压力情境下引领变革,经营企业并实现企业转型发展。

创业压力通常包括创业卷入、竞争强度、资源需求、知识储备、管理责任五个方面的压力。其中,创业卷入压力是指创业者在超强工作负荷、超长工作时间、超快工作节奏下体验到的压力;竞争强度压力是指创业过程中,创业者在竞争激烈时体验到的压力;资源需求压力是指在创业过程中,创业者在资金技术储备、获取过程中体验到的压力;知识储备压力是指创业者在知识更新和知识阻碍企业发展时体验到的压力;管理责任压力是指创业者在员工吸引、保留和激励方面体验到的压力。[①]

对个案的研究也发现,创业过程中,创业者主要面临的是资源需求、知识储备、管理责任三方面的压力。企业成长期,创业者面临高强度资源压力,大学生创业者尚晓辉坦言:"我来北京找过好几次投资,当时我只要20万元,(找的)最后一个投资人,是一个知名的投资人,那天晚上吃完饭之后,他说不投了,当时我一个人坐在北京大街上哭了。"种种困难,都需要创业者具备超强的抗压能力。随着创业企业成长,尚晓辉越来越认识到"创业公司CEO必须是一个学习成长速度最快的人,他必须要远远快于公司成长的速度,这样他到了那个节点才能很好地去管理公司,带领公司发展"。这种知识储备压力促使创业者不断学习,以获得更前沿的市场信息和更先进的经营理念。创业企业的发展速度越快,创业者的管理责任压力越大,如何设立一套符合企业文化及企业发展理念的创业激励机制,在创业企业成长期极

---

① 韦雪艳,王重鸣.民营企业家创业压力源的结构及验证性因素分析[J].软科学,2009,23(3):116-118.

为重要。

可借鉴美国社区学院创业教育采取与政府机构、社区学院协会、行业企业及其他相关机构组成合作联盟的方式,通过多种创业项目和活动将创业心态、认知能力和创业策略性行为相结合,提升学生的创业素质和能力,如开设创业心态课程,设置创业教育项目个人层面评价指标体系,关注学生参与创业模块后的整体表现,包括创业知识、商业技巧、人际关系技巧、交流技巧、一般就业特征等软硬技能,以及创业意识、创业心态等。① 在开展创业教育时,高校需采取多种方法培养学生面对未来创业压力的良好创业心态,帮助学生树立正确的创业目标和价值取向。

一是在创业教育课堂中,灵活使用商业案例分析、小组研讨、互动交流等教学方法让学生在模拟情境中、在自身参与体验中增加创业的替代性经验,侧重创业心态培养;借助成功创业者讲座、创业竞赛等多种方式引导学生正确认识、评价自我,培养良好创业心态。

二是优化创业教育实践平台,丰富创业平台层次,形成金字塔式平台体系,对入驻创业平台的实践项目进行筛选,采取优中选优的竞争机制适当增加学生创业压力,提高学生的抗压能力。

三是为学生提供多渠道创业信息,帮助学生掌握新经济形势下的创业技巧,如引导学生在"互联网+"背景下利用现代化信息技术进行创业门槛较低的创业,降低创业成本甚至是创业失败成本,从物质或经济层面减轻学生创业压力,间接提高学生创业积极性,培养学生创业的乐观心态。

三、创业教育应培养大学生的社会责任感

个案研究发现,已度过初创期、存活期、成长期并进入成熟期的创业企业,在企业外部市场环境尤为恶劣的情况下,能坚持经营并有所发展的重要因素是企业具有较高的社会责任感。社会责任感可以促使创业者形成持续经营动力,为创业企业带来更多外部支持。

高校创业教育社会责任意识引导对创业人才社会发展心理、追求社会发展价值的长久性产生直接或间接影响。有远见的高校,其开展创业教育的首要任务是培育大学生的社会责任感,培养有志于担当社会责任、创造社会财富的创业精英,简而言之,就是培育大学生的企业家精神。②

一是开展创业社会实践活动,通过实践活动培养个体社会责任感。参观学习、社会调查、志愿服务、科技服务等各种形式的社会实践,有助于大学生了解国情、培养品格、增强社会责任感。高校应把组织大学生开展创业社会实践作为推进创业教育的重要形式和抓手,加大资金投入力度,鼓励并支持大学生积极参加与创业有关的社会实践。

二是在创业实践中加强创业教育与价值观教育的融合。如:以公益创业项目引导大学生关注社会公益事业,提升他们奉献社会的行动力;加强创业伦理教育,强调创业者及其团队的社会责任;注重发现、培育和宣传践行社会责任的创业典型,引导大学生树立朴素的创业价值观,使其关注创业项目和产品本身,服务好客户,培养其对他人、社会负责的意识。

---

① 沈陆娟.美国社区学院创业教育实践路径研究[J].高教探索,2016(1):57-63.
② 邹小撑,吕成祯.论高水平大学创业教育的三个转变[J].复旦教育论坛,2015,13(2):44-48.

三是在创业评价中加强创业教育与社会责任感教育的融合。建立社会责任感意识指导下既注重个人发展性评价又注重社会价值评价的创业评价标准,如:将社会问题意识、生态意识、环保意识、社会责任意识等作为评价内容纳入创业大赛、创业模拟等活动中;在创业典型选树、创业项目评选等活动中,将社会贡献、问题解决、个人诚信以及社会责任履行等内容纳入评价标准。

四是以创业文化教育为主题,提升大学生社会责任感。探索青年大学生的身心特点和创业成长路径,在创业课程中融入社会责任主流文化教育,将创业教育的社会责任感引导与校园文化建设相结合,通过创业杰出校友回馈母校等案例,激发大学生奉献意识,并与校园文化形成良性互动。

四、创业能力更能全面考察创业教育的有效性

对"大学生创业英雄"的个体追踪研究发现,目前学界对创业领导力与创业能力边界的界定并不是很清晰,创业者在创业历程中表现出来的创业领导力如自我觉察能力、建立关系能力、激励他人能力、引领变革能力的特征,特别是掌握企业经营基本原理能力的特征,更多属于学术界所界定的创业能力的表现特征。本书认为,较之创业领导力,创业能力更能全面考察创业教育的有效性。因此,第五章的群体追踪研究,将在创业领导力视角基础上进行拓展,从创业能力角度研究创业教育的有效性。

第五章 大学生创业教育有效性的客体评价——基于群体的追踪

如果说对"大学生创业英雄"某一个体的追踪是剖析其创业领导力特征以及对创业教育的感知、情感,那么,本章则试图通过对"大学生创业英雄"这一群体的追踪,实现两个目的:一是看群体追踪能否印证第四章个体追踪的研究结论;二是通过群体追踪更全面地了解"大学生创业英雄"总体的创业领导力变化特征及创业教育在群体创业中的有效性。

第一节 创业教育有效性视角下的创业能力

结合第三章第一节的内容,本书认为,创业教育有效性即创业教育绩效,而创业教育绩效重在观察创业教育能否有效培养学生的创业能力。在创业教育有效性视角下,学术界对创业能力的界定进行了诸多探讨,结合第四章个案追踪关于创业能力较之创业领导力更能全面考察创业教育有效性的相关结论,本章认为,对创业能力维度的研究有助于揭示创业教育对大学生创业能力养成的影响机制,从而为科学设计和有效实施创业教育提供更确切的依据。目前,学术界对大学生创业能力维度的研究如下。

(1)基于创业者主体视角,认为创业能力是一种综合能力。Oosterbeek 等提出,创业能力包括成就需要、自主自治、权力需要、社会取向、自我效能感、耐力、风险承担倾向、市场意识、创造力、灵活性十个维度的能力。[1] 胡礼祥认为,创业能力是专业能力、方法能力、社会能力相互作用而形成的综合能力,是创业者知识、技能、态度、特质等综合作用的结果,创业者的意识、思想、精神、知识是其创业能力的内在基础。[2] Ismail 等指出,大学生创业能力包括成就、自主自治需要、权力需要、社会取向、自我效能感、耐力、风险承担能力、灵活性、市场意识和创造力。[3] 戴鑫等对 2015 年福布斯"中国 30 位 30 岁以下创业者"进行研究发现,创业者具有知识、技能、社会角色、自我概念、动机、特质六类胜任力特征,学校、家庭和社会分

---

[1] OOSTERBEEK H,PRAAG M V,IJSSELSTEIN A. The impact of entrepreneurship education on entrepreneurship competencies and intentions: An evaluation of the junior achievement student mini-company program[J]. European economic review,2010,54(3):442-454.

[2] 胡礼祥. 大学生创业导论[M]. 杭州:浙江人民出版社,2010:155.

[3] ISMAIL V Y,ZAIN E,ZULIHAR. The portrait of entrepreneurial competence on student entrepreneurs[J]. Procedia-social and behavioral sciences,2015,169:178-188.

别对上述特征产生影响。① Rezaeizadeh 等认为,创业能力包括创造性思维、动机与意志力、人际沟通能力和领导力。②

（2）基于创业行为视角,认为创业能力是成功创立企业并实现企业可持续发展的能力。杨道建等将大学生创业能力划分为机会发掘能力、组织管理能力、战略决策能力、资源整合能力、创新创造能力和挫折承受能力六种能力。③ 马志强等则将大学生创业能力划分为机会把握、关系胜任、创新创造、组织管理和承诺学习五种能力。④ 周光礼认为可将创业能力理解为创业者识别并开发创业机会、获得并利用创业资源,以提供产品和服务来创造新价值的能力,但能力并不只是基于知识和认知,也有情感因素和一定程度的活动能力。⑤ 孟宪军等梳理创业行为理论,建立了大学生创业能力定位图谱,认为大学生创业能力包括发现能力和创造能力两个部分。⑥ 朱秀梅等认为,创业者的创业任务是洞察创业局势、识别创业机会、捕获战略资源、领导创业活动,因此,创业者的关键能力是机会能力、资源能力、概念能力、战略能力和领导力。⑦ 尹苗苗等认为创业能力主要包括机会相关能力和资源相关能力两大能力,其中,机会相关能力具体包括机会识别能力、机会评估能力和机会利用能力,资源相关能力则具体包括资源识别能力、资源获取能力和资源整合能力。⑧ Silveyra 等界定的创业能力包括创业者机会相关能力、管理和业务能力、人力资源能力、人际交往能力和创业者以往的知识经验。⑨

第二节　基于能力二元性的思考:创业能力能否通过创业教育培养

McClelland 提出能力素质"冰山模型",认为人的能力按表现形式可划分为显性的"冰山以上部分"和隐性的"冰山以下部分"。其中,显性能力为基准性能力,是能力的外在表现,是容易了解与测量的部分,包括人的知识、技能;隐性能力为鉴别性能力,是内在的、难以测

---

① 戴鑫,覃巧用,杨雪,等.创业初期成功者的胜任力特征及影响因素——基于2015年"福布斯中国30位30岁以下创业者"的分析[J].教育研究,2016,37(12):89-96,111.
② REZAEIZADEH M,HOGAN M,O'REILLY J,et al. Core entrepreneurial competencies and their interdependencies:insights from a study of Irish and Iranian entrepreneurs,university students and academics[J]. International entrepreneurship and management journal,2013,13(1):35-73.
③ 杨道建,赵喜仓,陈文娟,等.大学生创业能力结构的理论分析与实证检验[J].科技进步与对策,2014,31(20):151-155.
④ 马志强,李钊,李国昊,等.高校创业服务价值对大学生创业能力的影响——基于大学生创业动机的调节作用[J].预测,2016,35(4):42-49.
⑤ 周光礼.从就业能力到创业能力:大学课程的挑战与应对[J].清华大学教育研究,2018,39(6):28-36.
⑥ 孟宪军,李新华,王霄.基于创业行为理论的大学生创业教育要素研究[J].黑龙江高教研究,2018,36(5):125-129.
⑦ 朱秀梅,刘月,李柯,等.创业学习到创业能力:基于主体和过程视角的研究[J].外国经济与管理,2019,41(2):30-43.
⑧ 尹苗苗,孙亚,费宇鹏.民营风险投资对新企业创业能力的影响机制[J].管理学报,2020,17(4):544-550.
⑨ SILVEYRA G,HERRERO A,PEREZ A. Model of teachable entrepreneurship competencies(M-TEC):scale development[J]. The international journal of management education,2021,19(1).

量的部分,包括人的价值观与态度、社会角色、自我形象、个性与品质、动机与内驱力等。①Boyatzis 提出素质"洋葱模型",即人的能力犹如洋葱,最表层为知识和技巧,由表及里越来越深入,最里层、最核心的是动机和特质,是个体最深层次的能力,是最不易改变和发展的。② 较之"冰山模型","洋葱模型"更突出素质与潜在素质的层次关系,但二者本质相同,都认为显性能力和隐性能力构成个体的全部能力。相对而言,显性能力易于观察,可通过后天不断学习积累形成并改变;隐性能力表面上不易观察,有些甚至与生俱来,较难通过后天学习或培训改变。由此,能力的二元性形成共识,即能力分显性能力与隐性能力、可后天培养能力或先天形成难以改变能力。基于此,冯忠良将有关能力本质的观点概括为三类:一是先验论,认为能力先于个体经验而存在;二是经验论,认为能力是在学习过程中获得的个体经验;三是"合金"论,认为能力是先天的东西与后天的东西的融合物。③ 吴红耘等从教学心理学视角提出能力的两个核心概念,即作为个体稳定个性心理特征的能力和作为学习结果的能力。④ 基于教育目标的比较研究,马晓丹等认为,如若能力只能后天培养,那么,后天培养能力等同广义知识,二者是同质性的概念。⑤

创业研究领域常借鉴能力二元性观点对创业能力进行研究。

一种观点认为,创业能力较难通过后天教育培养。如张序提出,企业家的创业特性需要天赋,这种天赋即冒险和创新精神,很难通过后天学习、训练培养得到。⑥ 叶信治深入研究布卢姆的能力知识观后指出,能力知识观的教育学意义体现在:①倘若能力完全为先天形成而非后天培养,那么,包括知识教学在内的后天努力就不能对能力发展产生促进效果;②强调后天培养能力的实质是知识而非经验,目前,知识教学发展能力的有效性不高,表现为学生掌握了知识却未形成相应能力。⑦

另一种观点则认为,创业能力尽管特殊,但其中的大部分能力都可通过教育加以培养。吴金秋认为创业教育的基本目标是培养学生的创业素质,创业能力是创业素质的构成要素之一,创业素质以人的先天禀赋为基础,并在环境和教育影响下形成并发展。⑧ Driessen 等指出,创业能力包括气质和技能两部分,气质与生俱来,不随时间和环境变化而变化,而技能则可通过项目参与学习和提高。⑨ 陈浩义认为,创业能力受创业者经验、培训教育、家庭背景等因素影响。⑩ 基于人才生态系统,董原提出,创业人才先天素质受遗传等因素影响,后天素质受学校、社会、个人的主观努力及其实践活动等因素影响,需通过个性化教育来培养

---

① MCCLELLAND D C. Testing for competence rather than for "Intelligence"[J]. American psychologist,1973,28(1):1-14.
② BOYATZIS R E. The competence manager: a model for effective performance[M]. New York:Wiley,Inc. ,1982.
③ 冯忠良.能力的类化经验说[J].北京师范大学学报(社会科学版),1986(1):27-34.
④ 吴红耘,皮连生.心理学中的能力、知识和技能概念的演变及其教学含义[J].课程·教材·教法,2011,31(11):108-112.
⑤ 马晓丹,张春莉.两种教育目标分类系统的比较研究及其启示[J].教育研究与实验,2018(2):25-29.
⑥ 张序.企业家概念及其相关问题辨析[J].社会科学研究,2005(1):122-127.
⑦ 叶信治.能力的知识观与提高知识教学发展能力的有效性[J].教育理论与实践,2017,37(10):56-60.
⑧ 吴金秋.创业教育的目标与功能[J].黑龙江高教研究,2004(11):99-101.
⑨ DRIESSEN M P,ZWART P S. De e-scan ondernemerstest ter beoordeling van ondernemerschap[J]. Maandblad voor accountancy en bedrijfseconomie,2006,80(7/8):382-391.
⑩ 陈浩义.基于能力观的科技型新创企业创业过程研究[M].长春:吉林大学出版社,2010:18.

创业人才。①

从上述学者关于能力二元性观点及创业能力能否通过教育培养的论述可看出,创业教育在多大程度上培养了大学生的创业能力是一个值得深入探讨的问题。依据"冰山模型"的能力二元性理论,结合已有研究对创业能力指标的划分,本书设计的创业能力观测指标见表5-1。

表5-1 创业能力观测指标

观测指标			具体要素
显性能力	机会相关能力	机会识别能力	1.能准确感知未满足的消费者需求; 2.愿意花费较多时间和精力寻找能为客户提供真正好处的产品(服务); 3.个人最大优点之一是识别客户想要的产品(服务)
		机会评价能力	1.能区分赚钱和不赚钱的机会; 2.有区分高价值和低价值机会的诀窍; 3.当面临多重机会时,能够选择最好的机会
		机会利用能力	1.能产生创造性商业想法; 2.有充分利用机会的设想; 3.能利用机会制定和实施战略
	业务管理能力	战略能力	1.能为(创业)企业的业务规模、发展目标或产品项目确定长期方向; 2.能发现企业长期发展将面临的问题或机会; 3.能监测战略目标的进展情况; 4.能够对照战略目标评估结果; 5.能通过权衡成本和收益来确定战略
		管理能力	1.市场营销和销售管理能力; 2.财务管理能力; 3.发展企业经营系统的能力; 4.技术使用能力; 5.商业管理能力; 6.获取适合资源的能力
		以往知识经验	1.有过一些创业经历; 2.熟悉某个行业; 3.了解市场; 4.有运作某商业项目的经验并熟悉该市场
	人力资源管理能力	领导和动机	1.具有领导才能; 2.能激励他人; 3.可有效进行授权
		人力资源管理	1.员工发展管理; 2.员工绩效管理; 3.员工关系处理; 4.招聘技能

---

① 董原.基于人才生态学理论的创新创业人才队伍建设:研究综述[J].兰州学刊,2016(4):182-190.

续表

观测指标		具体要素
显性能力	人际关系能力	1.擅长和别人谈判； 2.擅长与别人互动； 3.擅长解决与他人的争端； 4.擅长维护个人关系网络； 5.擅长通过语言和行为理解他人； 6.擅长与他人进行有效的口头沟通； 7.擅长以书面形式与他人进行有效沟通； 8.擅长与他人建立长期信任关系
隐性能力	创业者社会角色	创业者对其所属社会群体或组织接受并认为是恰当的一系列行为准则的认识,如诚信、感恩、谦虚、低调、张扬、敬业、务实、严格、耐心等
	创业动机	个体在创业认知调节因素的整合作用下,将内在需要与外在创业诱因整合,形成激发和维持创业行为的动力体系,包括生存动机、成就动机、权力动机、责任动机等
	创业效能感	创业者对自我能力的信心,反映创业者对自身创业能力或创业行为能达到目标的信心或信念
	挫折承受能力	创业者具有很高忍耐力,在面对挫折和失败时有能力继续坚持
	风险承受能力	反映创业者应对不确定性因素的能力和承担可能成为失败者的风险的意愿

第三节　创业教育有效性群体追踪的 WIS 词云分析

作为最新的可视化分析技术,词云分析越来越普及。词云分析基于概率统计和分析,采用自动分析的方法,对文本数据中出现频率较高的关键词通过调整字体、字号、颜色等在视觉上予以突出,形成"关键词云层"或"关键词渲染",从而使研究者快速浏览文本并领略文本主旨。① 本章采用免费在线词云工具 WIS 词云分析系统对收集到的"大学生创业英雄"群体资料进行可视化分析,对其关于创业教育的认知、情感,以及其创业领导力的表征进行词云分析。过程如下：

第一步,收集语料。根据本研究需要,语料包括"大学生创业英雄"个人事迹介绍、访谈资料、媒体公开报道资料、个人演讲视频(文字转化稿)。

第二步,抽取关键词。词云通过抽取语料关键词进行呈现。获得语料后,通过 WIS 词云分析系统采用自动分析方法进行概率统计和分析,对文本中出现频率较高的关键词予以字体、字号、颜色等的突出,形成"关键词云层"或"关键词渲染"。

第三步,利用 WIS 词云分析系统进行进一步处理。对关键词进行筛选,保留与研究主题相关的关键词,剔除停用词和没有实际意义的词汇。

第四步,调整字体、字号、颜色、布局。基于词语出现的频率及其在全文中的重要程度,WIS 词云生成器用不同字号的词语来表示词语的权重,并自动分析产生字体、字号、颜色或

---

① 袁在成.可视化工具"词云"在英语教学中的应用研究[J].中国教育学刊,2016(S1):102-103.

布局不同的图形,研究者可根据研究倾向选择配色方案和图形突出强调某个词语,使得词云图片更具有表现力。

使用 WIS 词云分析系统进行"大学生创业英雄"群体创业教育与创业领导力分析的结果如图 5-1 所示。

图 5-1 "大学生创业英雄"WIS 词云分析图

词云分析图围绕"创业"这一高频词,展现了一些重要的信息。

就创业教育而言,"项目""学校/大学""学生""平台""老师/导师""活动""专业""大学生创业/创业者""教育""毕业""比赛""知识""技术""指导""课程""实践"都是重要热词。可见,"大学生创业英雄"群体肯定了学校创业教育在其创业过程中的作用,并感受到了学校对大学生创业的重视;在创业教育所有因素中,"平台""老师""活动""比赛""实践"这一类与创业教育实践平台相关的词汇频繁出现,表明创业教育实践平台在创业教育中居于主要地位并发挥主要作用;此外,老师或导师的指导作用、创业教育的专业及课程因素在创业教育感知中也获得了学生的充分肯定。总的看来,学校创业教育的师资队伍、课程体系、实践平台在学生的创业中发挥了有效作用,获得大学生创业者的认可,其中,实践平台的认可度最高,这一发现和第四章第四节创业教育有效性个案考察的研究结果是一致的。

就大学生创业领导力而言,"我们/团队/合作""自己/个人""投资/融资""时间""企业""社会""产品""市场""发展""选择""公益""知识""技术""困难""想法""过程""能力""支持""领导""开发"均为重要热词。词云分析表明,创业者充分肯定创业过程中团队的作用,并认识到个人在创业成长中扮演的角色;在企业创业和发展历程中,如何获得投资及融资,成为大学生创业者亟须解决的问题;企业经营基本原理能力,如企业发展战略选择、产品与市场分析、企业发展策略、知识技术、创业设想,都是大学生创业者需要具备的能力。此外,研究还发现,"社会"与"公益"也是热词,这与第四章个体追踪研究的结果一致,即社会责任感普遍受到大学生创业者的重视,并成为大学生创业者在企业可持续发展进程中关注的重要方面。

第四节　创业教育有效性群体追踪的 ATLAS.ti 软件分析

一、研究方法

本研究依据深度访谈的数据收集分析方法进行,深度访谈的基本假设是人们对体验的理解和诠释影响了其践行的方式,其核心是了解他人"鲜活"经历,从而理解"人们对体验的理解和诠释"对经历生成的意义。① 埃文·塞德曼提出,质性研究中访谈的最显著特征是与每一位受访者进行三轮侧重点不同的访谈,即第一轮着眼于生活历程,探寻受访者经历背景;第二轮着眼于经历细节,了解受访者在研究主题范围中的生活细节;第三轮着眼于意义反思,鼓励受访者反思经历对自身的意义,揭示受访者工作、生活与认知、情感之间的联系。②

在对访谈资料进行逐级编码和深入分析的基础上,本章利用 ATLAS.ti 软件充分探索原始资料中各类概念范畴及彼此之间的逻辑关联,从中逐步提炼和归纳出影响大学生创业能力的关键因素,从而对大学生创业能力的养成机理进行深度描述与理论诠释。

二、资料收集

根据扎根理论,访谈研究一般通过理论抽样确定访谈对象,不必刻意追求人口统计的代表性,但受访者应对访谈主题所涉及内容有一定了解。③ 鉴于"大学生创业英雄"既是学校创业教育的受教育者,又处于创业初期阶段,对学校创业教育的体验最为直接,2017年1月—2019年1月,课题组遵循理论抽样程序,以构建分析框架为目的,从"2015年大学生创业英雄100强"名单中,抽取不同区域不同行业的10位"大学生创业英雄"进行访谈。依据埃文·塞德曼的三轮访谈序列,第一轮进行创业历程如创业经历、接受创业教育经历等方面的访谈,第二轮进行创业细节如创业困难、创业困惑、创业能力认知等方面的访谈,第三轮进行意义反思如创业教育收获、对学校创业教育的评价、对未来创业者的寄语等方面的访谈。访谈全部采用一对一深度访谈的形式进行,人均访谈时间为3小时,获得文本数据资料13万字,基本掌握了受访者接受创业教育的经历、创业历程,并通过近距离观察受访者回答有关提问时的语调和表情,尽可能深入了解受访者对自身创业能力的认知和评价、对自身创业动因的认识和剖析,以及对学校创业教育的认知和情感。

三、数据编码

本部分分析严格按扎根理论三步编码流程进行。按概念模型中"创业教育—创业能

---

① MANEN M V. Researching lived experience: human science for an action sensitive pedagogy[M]. 2nd ed. London:Routledge,2016:73-75.
② 埃文·塞德曼. 质性研究中的访谈:教育与社会科学研究者指南[M]. 周海涛,译. 3版. 重庆:重庆大学出版社, 2009:18-19.
③ CHARMAZ K. Constructing grounded theory: a practical guide through qualitative analysis[M]. London: Sage Publications,2006:115-118.

力—创业能力养成"的逻辑关系,将创业教育的政策机制、课程体系、师资队伍、实践平台要素作为一阶概念;将二阶概念体现在显性和隐性二元创业能力上,两方面能力共同构成观测创业教育有效性的基准维度,其中,创业能力养成为核心概念。

第一步,开放式编码。在ATLAS.ti软件中建立分析项目,导入原始文字数据并由两名研究者详细阅读,将包含关键词且具备研究意义的句子或段落标记引用;将引用分别归类到不同影响因素中,并根据相似性进行聚类,使原始资料概念化,编码为"一阶概念";两名研究者交换编码结果,通过不断比较审查,形成具体概念和范畴(表5-2)。

表5-2 　　　　　基于ATLAS.ti软件分析的一阶概念识别结果

一阶概念	关键词示例	Quote编码数量(个)
政策机制	教育思路、规定、方向、管理、办学理念、重视、工作机制、支持、扶持政策、学分、学校规定、申请休学、指导机构、措施、政策激励、研究生推荐	43
课程体系	专业课、选修课、案例分析、兴趣小组、前期培养、创业课、必修课、实验、创业班、创业集训营、社团、创业培训、创业与就业指导课程	50
师资队伍	辅导员、师兄传授经验、企业老师、老师、创业典型、专家老师、企业家、创业导师、身边人、创业指导老师、教授	49
实践平台	创业项目、众创空间、办公环境、对接资源、平台、创新创业论坛、比赛、沙龙、实验室、创业园、创客空间、社团、投资会、创业坊、"创业之星"评选、种子资金、创业基地、创业俱乐部、科技园、实验团队、实验基地	64

第二步,主轴编码。首先将一阶概念归纳到二阶概念中,将一阶概念与二阶概念进行有机关联,发现并找出二者间的逻辑关系。[①] 一阶概念与二阶概念有机关联在本研究中具体是指高校创业教育能否切实提升学生创业能力,判断标准为材料中是否包含相应的事例或数据支持。接着利用ATLAS.ti软件共现系数矩阵检验编码结果,分析概念之间是否存在指向性。

第三步,选择编码。总结前期编码成果,寻找具有统领性质的核心类属,使其能在较宽泛层面上将创业能力的二阶概念集中,形成"创业能力养成"这一核心概念,从而确立研究主题。

四、研究结果

完成所有数据编码后,ATLAS.ti软件可将所有编码汇总并进行分析,从而帮助研究者进一步探讨编码之间的关系,最终目的是帮助研究者更好呈现研究主题,解释或阐述某个现象。[②] 本书基于能力二元性理论,结合编码结果,通过概念之间的共现系数了解不同编码之间的相关程度,从而分析创业教育不同因素对创业能力的影响程度。

共现系数由文字片段的重复度计算得出,取值在0~1之间,共现系数越大,表示两个

[①] GLASER B G, STRAUSS A L. The discovery of grounded theory: strategies for qualitative research[M]. Chicago: Aldine, 1967: 6-7.

[②] 吴世友.如何运用ATLAS.ti分析定性数据和发掘研究主题[J].社会工作,2017(6):23-40,111.

概念之间影响程度越高,0表示文字片段无重复,概念间不存在指向性。① 共现系数的作用有:①检验一阶概念与二阶概念之间是否存在指向性;②说明一阶概念对二阶概念的影响程度;③验证概念模型中数据与理论的匹配程度。共现系数可帮助研究者更清晰地查看原始文字中重合率较高的编码,促使研究者思考编码为什么会重合,从而帮助研究者深入挖掘定性资料,发现潜在研究价值。

(一)创业教育对显性创业能力的影响路径

一阶概念编码结束后,研究者再次阅读已编码段落,进一步探究一阶概念与二阶概念间的逻辑关系,列出了创业教育与显性创业能力的部分原始资料及一阶概念到二阶概念的归纳和推导流程(表5-3)。

表5-3　　　　　　　创业教育与显性创业能力的部分编码举例

部分原始资料	一阶概念	指向性	二阶概念
访谈对象TH:每一年我们这有科技创新这种校级项目,就是有孩子(学生)有这种(创业)想法,你就去申报。我们从院级开始评选,评选完到校级评选,最后审核,做产品展示,然后就可以去申请,申请成功了,学校专家就会安排你竞聘,那你就要做竞聘,做完之后,再对产品做一个展示。这是一个广泛的平台,做完之后,学校就会挑比较好的项目参加各种平台的比赛,比赛的平台就是与专业和市场更加对接的这样一个平台。我们当时做的一些项目、产品,去参加比赛,最后走上了创新展会这样的平台。我认为我们学校比较成功,它把一个项目落地了,推出去了,成功了,比方说我们自身就是一个项目,现在落地,做得还是相当不错的	实践平台	实践平台→机会相关能力	机会相关能力
访谈对象KYL:通过市场调研,我发现市场上摄影价格很贵,一些年轻人想留下青春印记却又囊中羞涩,于是我将创业方向瞄准了校园主题写真。我的想法得到学校领导的支持,学校提供场地,免去水电费,并鼓励我去区工商局注册成立公司。学校领导在公司创业初期给予我们很多帮助,不仅把学校大大小小的拍摄工作交给我们,还把我们推荐给江宁大学城的其他学校,让我们收获了不少订单	实践平台	实践平台→业务管理能力	业务管理能力
访谈对象ZZH:我感觉收获最大的就是写商业计划书的课程,因为商业计划书大家都很看重,只有商业计划书才能把你的逻辑、思维阐述清楚,比如说,我有一个想法,有一个创业项目,这个创业项目到底该怎么做,需要用书面形式呈现出来,让人懂这个项目,更重要的是让投资人懂这个项目。比如,我有一个想法,我想做牧草,但大家都不一定了解牧草是什么东西,首先你得自己了解,其次再让别人去了解,了解的人越多,然后才可能有人跟你一起创业,有人给你投资。所以,在创业这块,交流很重要。我的想法是让别人去了解,更透彻地了解我,更好地去了解我,了解我之后,别人才会信任我,如果自己都迷迷糊糊的,那肯定不行,所以说,在某种程度上,通过沟通,让别人了解自己很重要	课程体系	课程体系→人际关系能力	人际关系能力

---

① 王朝辉,陈洁光,黄霆,等.企业创建自主品牌关键影响因素动态演化的实地研究——基于广州12家企业个案现场访谈数据的质性分析[J].管理世界,2013(6):111-127.

续表

部分原始资料	一阶概念	指向性	二阶概念
访谈对象 KYL：我觉得大学里面导师非常重要，如果大学里面没有导师，那创业基本成功不了，这一点对于我们来讲真的是非常非常重要的，因为，大学生的认知、层次和对社会的理解在出学校之前，都是空的、虚无的，没有架构在一个现实的平台上，导师的作用就是帮助学生立足现实，没有导师，他（大学生）会难以适应校园与社会现实的差距。所以说，我觉得导师特别重要，对于我自身来讲，在大学期间，导师的作用可以说就是核心，所以说我们都非常感谢我们导师	师资队伍	师资队伍→业务管理能力	业务管理能力

依据创业教育与显性创业能力共现系数（表5-4）可以进一步明晰创业教育一阶概念到显性创业能力二阶概念的归纳结果与影响程度。

表5-4　　　　　　　　创业教育与显性创业能力共现系数

显性创业能力	政策机制		课程体系		师资队伍		实践平台	
	重合次数	共现系数	重合次数	共现系数	重合次数	共现系数	重合次数	共现系数
机会相关能力	6	0.07	11	0.12	7	0.08	20	0.21
业务管理能力	9	0.08	11	0.10	10	0.09	16	0.13
人力资源管理能力	1	0.01	1	0.01	0	0.00	0	0.00
人际关系能力	1	0.01	3	0.04	2	0.02	0	0.00

从表5-4可看出：

（1）创业教育四个一阶概念与显性创业能力中人力资源管理能力、人际关系能力的共现系数均小于与机会相关能力、业务管理能力的共现系数，说明创业教育对大学生人力资源管理能力和人际关系能力的影响较微弱，而对大学生机会相关能力、业务管理能力的影响较显著。

（2）实践平台与机会相关能力、业务管理能力存在指向性，共现系数分别为0.21、0.13；实践平台与机会相关能力的共现系数最高，说明实践平台对大学生机会相关能力的养成有效性最强，其主要通过对大学生机会识别、机会评价和机会利用能力的影响，如帮助大学生准确感知未满足的消费者需求、提升其区分高价值和低价值机会能力、激发学生产生创造性商业想法等，发挥促进大学生创业能力养成的作用。

（3）值得注意的是，实践平台与人力资源管理能力、人际关系能力的共现系数为0，即不存在任何关联，说明实践平台在促进大学生人力资源管理能力和人际关系能力养成方面未能发挥效用。

利用ATLAS.ti软件导出的路径图（图5-2）箭头指向表明了大学生显性创业能力养成过程中的影响因素及其影响路径。观察路径图箭头指向发现：创业教育主要通过政策机制、课程体系、师资队伍、实践平台影响大学生的机会相关能力和业务管理能力，从而促进大学生显性创业能力的养成，其中，实践平台对大学生的机会相关能力和业务管理能力影响最大。

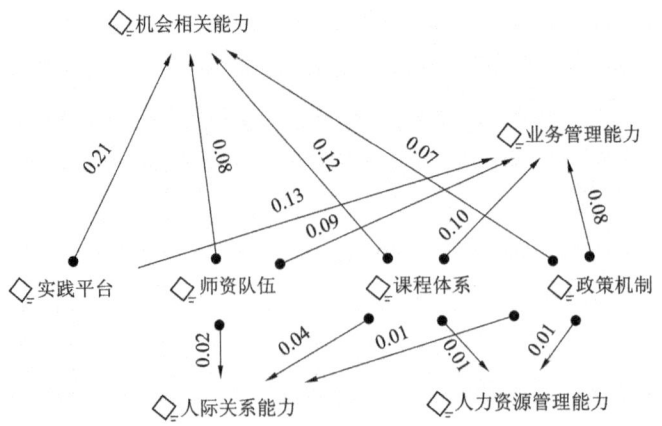

图 5-2 显性创业能力影响因素路径图

图 5-2 表明：

(1)创业教育显著影响大学生创业能力中的机会相关能力和业务管理能力。

(2)创业教育虽然在显性创业能力养成上发挥了作用,但未对大学生显性创业能力的全部维度产生影响,如：在实施创业教育过程中,实践平台能有效促进大学生养成机会相关能力和业务管理能力,但对人力资源管理能力和人际关系能力的养成未发挥效用。

(二)创业教育对隐性创业能力的影响路径

与一阶概念存在有机联系的大学生隐性创业能力二阶概念共五个,分别为创业者社会角色、创业动机、创业效能感、挫折承受能力和风险承受能力,表 5-5 列出了部分原始资料及一阶概念到二阶概念的推导流程。

表 5-5　　　　　　创业教育与隐性创业能力的部分编码举例

部分原始资料	一阶概念	指向性	二阶概念
访谈对象 KYL:我觉得创业教育,重要的是进行意识上的引导。就是可能现在很多高校会从技巧上引导,比如说我们的这个创业课,它可能就是创业意识上的培养,只有一节课,或者最多有两节课,它大部分时间就是教你怎么去创业……我也在担任几个学校的创业导师,也经常去给他们上课。我在和学生交流的过程当中,发现其实引导学生想去创业,比教他怎么去创业更重要。比如说你安排了 20 个课时去教他怎么创业,但是这个人,他是不想创业的,那么这 20 个课时就是白浪费了。首先你要让他想去创业,一旦他想创业,你所教的这些东西他完全可以自学,他可以通过各个渠道去自学,然后他在上技巧课的时候,才会有针对性地去学习,所以说我觉得引导学生想去创业是很重要的,就像我当时那样,学校塑造几个创业典型,就是学生身边的人,然后去让他们给大家进行一些分享	课程体系	课程体系→创业动机	创业动机

续表

部分原始资料	一阶概念	指向性	二阶概念
访谈对象 ZZH：收到央视"创业英雄汇"发来"英雄帖"，邀请我两天后到北京介绍创业项目。节目组每期会收到很多项目申请，仅两百余个能获得面试机会，其中只有15个能留下来录制节目，去北京到底值不值？创业和学业如何均衡？我还蛮犹豫不决的。我们植科院副书记的鼓励，坚定了我去试一试的信心。学院还特邀豆科作物专家、博士生导师作技术顾问和指导老师，派辅导员和我一起去参加节目	师资队伍	师资队伍→创业效能感	创业效能感
访谈对象 KYL：我们学校还有免费的办公场地，你又有资金，又有场地，又有团队，又有项目，你就可以去追求成功，如果你失败了也不要紧，是这样。 采访人：那像南京的其他的学校也能达到这种水平吗？ 访谈对象 KYL：不能，可能有的学校在硬件上会超过我们，但是从初步成果来看，不如我们的主要原因就是有的学校就是在应付	政策机制	政策机制→风险承受能力	风险承受能力
访谈对象 MCW：我自己筹集资金，从我们的学校拉来赞助，成立了公司，就这么开始了创业，那时候，未来的一切都是不可思议、充满挑战的。我对自己说，未来这么美好，有学校的帮助，有自己的激情，有充满诱惑的机会，无论遇到什么情况，我也一定要坚持下去	实践平台	实践平台→挫折承受能力	挫折承受能力

依据表 5-6 中的共现系数可以进一步明晰创业教育的一阶概念和隐性创业能力二阶概念之间的指向性。

表 5-6　　　　　　　　　　创业教育与隐性创业能力共现系数

隐性创业能力	政策机制		课程体系		师资队伍		实践平台	
	重合次数	共现系数	重合次数	共现系数	重合次数	共现系数	重合次数	共现系数
创业者社会角色	4	0.04	1	0.01	0	0.00	0	0.00
创业动机	18	0.25	19	0.24	19	0.25	18	0.19
创业效能感	9	0.14	4	0.05	9	0.13	8	0.09
风险承受能力	4	0.07	0	0.00	2	0.03	2	0.02
挫折承受能力	4	0.05	0	0.00	1	0.01	1	0.01

由表 5-6 可知：

(1)创业教育四个一阶概念与创业动机、创业效能感之间的共现系数均不为 0，说明创业教育各要素均能通过影响大学生创业动机和创业效能感来促进大学生创业能力的养成。

(2)创业教育四个一阶概念与创业动机的共现系数最高，分别为 0.25、0.24、0.25、0.19，说明创业教育对学生创业动机的影响最为显著，即政策机制、课程体系、师资队伍、实践平台都能有效激发学生创业动机，提升学生创业能力。

(3)值得注意的是，师资队伍、实践平台这两个一阶概念与二阶概念创业者社会角色的共现系数为 0，不存在指向性，说明创业教育在影响学生对其所属社会群体或组织接受并认为是恰当的一套行为准则的认识(如诚信、感恩、谦虚、低调、张扬、敬业、务实、严格、耐心等)

上并不具备有效性;同样,一阶概念课程体系与二阶概念风险承受能力、挫折承受能力的共现系数也为0,说明课程体系不会对学生创业风险承受能力和挫折承受能力产生影响。

ATLAS.ti软件编码结果导出的创业教育对隐性创业能力的影响路径图(图5-3)展示了创业教育影响大学生隐性创业能力的过程,由此发现,创业教育主要通过影响学生创业动机和创业效能感促进大学生创业能力养成。

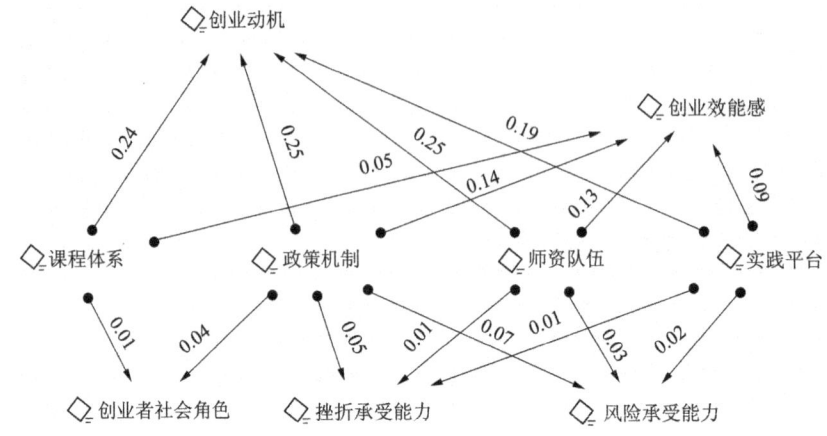

图5-3　隐性创业能力影响因素路径图

图5-3表明:

(1)创业教育显著影响大学生的创业动机和创业效能感。

(2)创业教育能在学生隐性创业能力养成上发挥作用,但创业教育各要素对创业能力养成的有效程度并不相同,创业教育也不能影响大学生隐性能力的全部维度,如:创业教育的政策机制对大学生隐性创业能力的全部维度产生了影响,而师资队伍和实践平台并未在创业者社会角色的形成上发挥任何作用。

五、结论与启示

(一)研究结论

创业是一个复杂现象,因此须将创业教育置身于创业过程的复杂阶段和不同学习环境中,将学生创业能力培养作为首要目标,注重对创业能力培养效果的评价。[①] 本书通过对"大学生创业英雄"的访谈研究,从能力二元性即显性与隐性角度,具体分析创业教育的政策机制、课程体系、师资队伍、实践平台要素对大学生创业能力的影响,进一步探究创业教育在两类创业能力上的有效性是否存在本质区别,通过理论与数据的反复迭代,归纳出创业能力影响因素及养成路径理论模型(图5-4),并有以下几个研究发现。

(1)隐性创业能力并非先天固有、不可改变,而是可教可学的。以往学术界关于能力二元性理论及创业能力的先期研究认为,隐性创业能力难以通过后天培训养成。而本研究发现,隐性创业能力并非先天固有、不可改变,而是可教可学的,在创业教育过程中,政策机制、

---

① 崔军.创业能力国外研究进展及其对高校创业教育的启示[J].高校教育管理,2017,11(5):53-61.

课程体系、师资队伍及实践平台各要素均能对隐性创业能力产生影响,但同时需要注意的是,并非所有隐性创业能力都可教可学。

(2)创业教育中的政策机制对学生显性创业能力和隐性创业能力均产生了影响。研究发现,在创业教育的政策机制、课程体系、师资队伍、实践平台四个要素中,只有政策机制对大学生显性和隐性共九个维度的创业能力均产生了影响;并非所有的创业教育要素均行之有效,一些创业教育要素显然对个别维度的创业能力是没有产生影响的。

(3)九个维度的创业能力中,创业动机受创业教育影响最显著。ATLAS.ti软件分析结果表明,创业教育四个要素对学生创业动机这一维度的能力影响最大,其中,政策机制和师资队伍最能激发学生创业动机。可见,创业教育最能对学生创业动机养成发挥实效,而创业动机是大学生创业的根源。

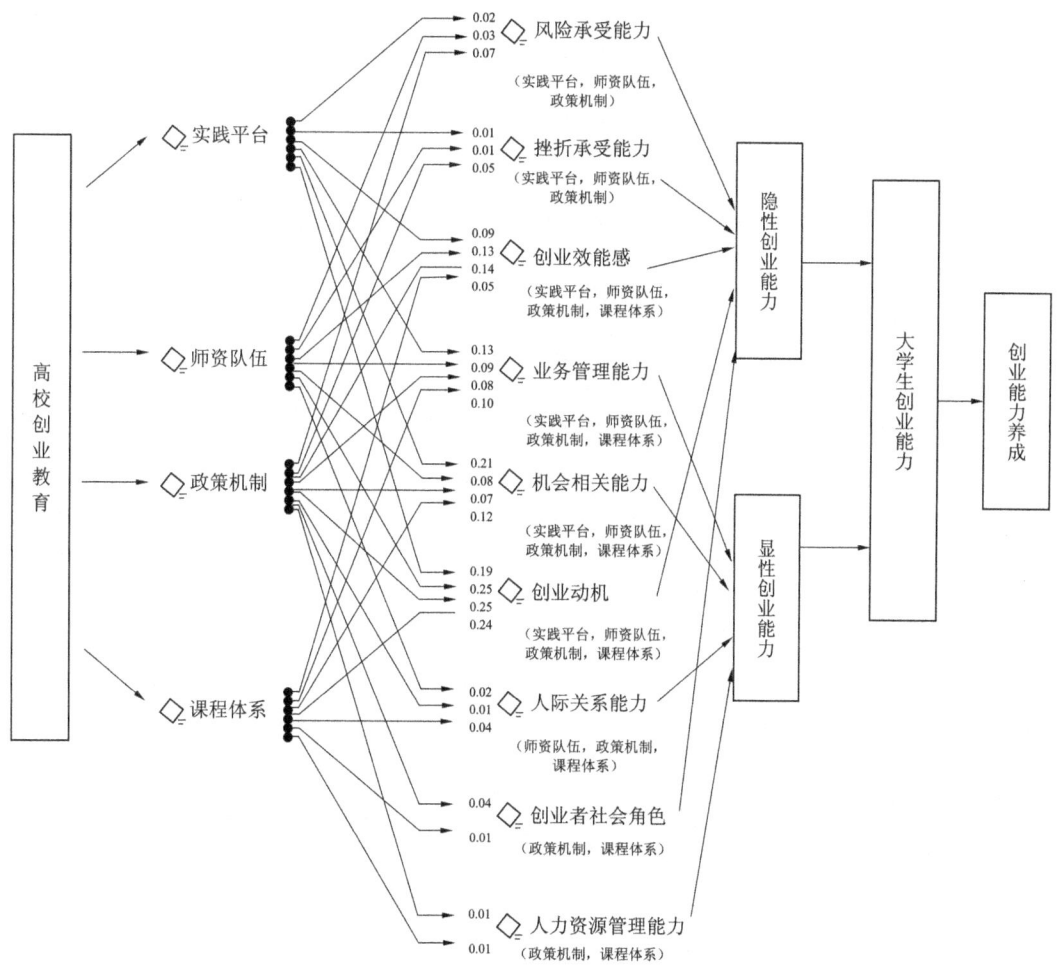

图 5-4　创业能力影响因素及养成路径理论模型

注:图中数字表示相应一阶概念和二阶概念的共现系数;括号内文字表示影响相应二阶概念的一阶概念要素。

(二)研究启示

能力先天论与后天养成论都有其正确之处,不能绝对孤立看待能力二元性及其教育效果。根据实际情况看,大学生创业能力并非单一维度的能力,创业教育各要素并不能全面提升学生创业能力,高校对学生不同维度创业能力的培养,可在创业教育各要素上有所着重。

(1)政策机制是大学生创业能力养成的坚实基础。研究发现,在学校没有完善或规范制度前,为了解决创业与学业冲突困境,学生往往靠与教师拉近关系、想办法让教师从自己的创业项目中"受益"(如通过创业项目帮助教师完成科研项目或取得工作业绩)等方式,寻求创业与学业之间的平衡。因此,在休学创业、学分转换、优秀创业典型免试推荐研究生等现有创业政策基础上,学校可结合学生创业中遇到的困难,创新政策支持,免除学生后顾之忧,使学生能有条件和信心面对创业所带来的学业风险等,让学生的创业动力更充足;同时,完善的创业政策机制可促进学校创业课程体系、师资队伍及创业实践平台的科学设置和系统运行,最终形成了良性循环,有效促进大学生创业能力养成。

(2)"专创融合"课程设置是创业教育推广的有效手段。研究发现,80%的"大学生创业英雄"在专业学习中发现了创业机会,或在创业过程中充分运用专业知识开展经营,形成了创业优势;专业院校或专业师资力量雄厚院校的学生因结合专业创业,在了解产品技术或市场前景方面更具有优势,创业更有效。因此,学校可将专业知识传授与创业能力训练有机融合起来,充分挖掘专业课程的创业教育资源,提升学生的专业研发兴趣和能力,为学生从事基于专业的创业活动夯实基础。

(3)专业师资队伍是大学生创业能力养成的重要条件。研究发现,教师在大学生创业过程中的作用主要体现在三方面:一是传授给学生具体企业管理经验,直接或直观向学生传授营销管理、财务管理、技术使用、商业管理等方面知识;二是帮助学生更全面了解和利用创业政策,引荐创业资源,有效提高学生创业效能感;三是在专业创业项目上给予学生专业指导,使学生更接近技术前沿,了解市场前景,更具备专业战略眼光及实现企业可持续发展的能力。然而在实际案例中,辅导员、行政管理人员、专业教师等因工作需要或与学生接触机会较多,承担了更多创业教育的职能,高校有待打造一支专职专业的创业辅导教师队伍。另外,研究也发现学生的创业行为、创业意识亦能促进教师更加关注学生创业行为,走进创业学生内心,从而激发学生创业效能感。

(4)创业教育氛围可在潜移默化中激发学生的创业意识和创业意愿。目前,很多高校成立了创业学院并面向全校开设创业通识课程,这对于潜移默化激发学生创业意识和创业意愿是非常有效的。此外,开展丰富的创业活动可以激发学生创业灵感,赋予学生创业动能,不仅传统创业比赛有助于学生养成创业能力,一些活动或社团(如科技创新活动、创业社团)也能促进学生产生创业动机,激发学生责任动机或利他动机,从而使学生热爱自己的创业项目,最终成长为有社会责任感的青年企业家。

(5)设计科学的创业人才素质测评方法,因材施教开展创业教育教学。研究发现,有创业经历、了解市场或有运作某商业项目经验的学生,在学校开展创业教育过程中,更懂得如何充分运用学校实践平台进行创业,更容易脱颖而出成为创业典型。因此,学校在开展创业教育过程中,有必要设计一套科学的测评方法,对学生创业经验、创业素质或创业能力进行摸底,因材施教开展创业教育教学。

从教育者或教育管理角度对创业教育有效性进行研究,难以全面知晓已开展的创业教育在多大程度上培养了学生的创业能力。本书在明晰二元创业能力九个维度创业能力的基础上,从受教育者角度出发,进一步挖掘创业教育要素对大学生创业能力的影响情况,同时对能力先天论与后天养成论进行了反思,有助于更好地理解和把握创业教育对大学生创业能力的影响机理,为高校提升创业教育有效性提供可参考的框架。

第五节 创业教育有效性群体追踪的SPSS统计分析

一、量表类型与题项

在市场调研中,经常要搜集被调查者的态度、意见、感觉等方面的信息,如消费者对企业促销活动的反应、对某品牌的喜欢程度等,对这类信息的判别和测定往往要借助各种数量方法,即态度测量表法。利克特量表是问卷调查中运用十分广泛的一种量表,它由能够表达对所测量事物是肯定还是否定态度的一系列陈述构成,要求被调查者按照对每一条陈述的肯定或否定的强弱程度进行表态,再将表态结果折合成分数,最后对这些分数进行加总,以此判定被调查者的态度。大量研究表明,消费者对企业的一般行为或者特定行为的评价是一种心理态度,是一种自我体验,具有主观性,这种主观判断由认知和情感构成,评价度是认知的结果,而情感是对这种结果的一种反映。因此,本研究的量表根据标准化的心理测量程序来设计,形式为利克特量表,依据创业教育和大学生创业领导力两个维度来确定变量,其中,创业教育包括四个潜在变量,即政策机制、师资队伍、课程体系、实践平台,大学生创业领导力包括五个潜在变量,即自我觉察能力、建立关系能力、激励他人能力、引领变革能力、掌握企业经营基本原理能力。利用量表来测量受访者态度,拟定受访者态度的陈述语句,其表述表现出的态度有肯定和否定两种倾向,将受访者对相关陈述语句的同意程度赋值为10、9、8、7、6、5、4、3、2、1,10为完全同意,1为完全不同意。在对比得到最初量表后,邀请8位创业教育领域专家及4位"大学生创业英雄"针对量表题项的反映程度、语义表达、归类是否合适等提出建议,据此对量表题项进行调整和修正,最终确定不同创业时期初始量表的题项,表5-7为企业初创期创业教育与创业领导力的测量题项。

表5-7　　　　　　　　企业初创期创业教育与创业领导力的测量题项

研究维度	潜在变量	测量题项	测项代码
创业教育	政策机制	1.学校支持学生创业的政策齐全	A11
	师资队伍	2.学校教授创业的老师水平高	A21
	课程体系	3.学校开设的创业课程种类多	A31
	实践平台	4.学校举办的创业活动形式多样	A41
		5.学校支持学生创业的平台丰富	A42

续表

研究维度	潜在变量	测量题项	测项代码
创业领导力	自我觉察能力	1. 我清楚自己为什么要创业	B11
		2. 我清楚自己的性格是否适合创业	B12
		3. 我清楚自己有什么优点和不足	B13
	建立关系能力	4. 别人对我的评价和我对自己的评价是一致的	B21
		5. 我有至少一个可以寻求创业建议的领导者或朋友	B22
		6. 我擅长改善和他人的关系	B23
		7. 我知道谁能和我形成合作或竞争关系	B24
		8. 我擅长和别人建立长期的关系	B25
	激励他人能力	9. 我不害怕和别人产生冲突	B31
		10. 我擅长激励团队成员	B32
		11. 我的团队成员愿意追随我	B33
		12. 我的创业压力小	B34
		13. 我身边有愿意帮助我实现创业愿景的人	B35
	引领变革能力	14. 当有争议时我会暂时搁置	B41
		15. 我喜欢做决策	B42
		16. 我做的决策帮助我实现了创业目标	B43
		17. 我喜欢引领变革	B44
		18. 我引领了企业的很多变革	B45
	掌握企业经营基本原理能力	19. 我熟悉企业管理相关理念	B51
		20. 我喜欢读有关创业者的故事	B52
		21. 我管理企业游刃有余	B53

二、量表信度检验

一个好的量表,它的结果是可靠的,经过多次反复测量,其结果均一致。① 衡量量表的一致性有赖于信度检验。信度是测量每一个概念内部一致性与稳定性程度的指标,即考察量表重复使用的结果是否具有一致性。对问卷信度的测量可以用复查信度(又称稳定系数)、复本信度(又称等价系数)、折半信度(又称内部一致性α系数)和 Cronbach's α 信度系数(α 信度系数)四种方法。其中,Cronbach's α 信度系数是目前最常用的信度测量方法。信度检验旨在检视题项删除后,整体量表的信度系数变化情况,如果某题项删除后的量表整体信度系数比原先的信度系数高出许多,则该题项与其余题项所测量的属性或心理特质可能不相同,代表该题项与其他题项的同质性不高,在项目分析时可考虑将该题项删除。② 这种方法适用于态度、意见式量表(问卷)的信度分析。

---

① 余建英,何旭宏.数据统计分析与 SPSS 应用[M].北京:人民邮电出版社,2003:25.
② 吴明隆.问卷统计分析实务:SPSS 操作与应用[M].重庆:重庆大学出版社,2010:184.

Cronbach's α 信度系数究竟取多大值才表示信度较高,学术界对此没有定论。按照 Nunnally 的标准,α≥0.9 为信度非常好,0.7≤α<0.9 高信度,0.35≤α<0.7 代表中等信度,α<0.35 代表低信度。[1] DeVellis 则认为,如果 α 介于 0.6～0.65 之间最好删除,而 0.65～0.7 为最小可接受值,介于 0.7～0.8 之间相当好,在 0.8～0.9 之间非常好。[2] 就社会科学研究来说,只要 α>0.6,就可以认为问卷调查题目的信度能够接受。[3] 本研究采用 SPSS 软件对有关概念进行 Cronbach's α 信度系数计算,对预调研量表样本进行 Cronbach's α 信度测试,量表测试结果为 Cronbach's α 信度系数的值为 0.913,表示量表内部一致性非常好,是一份信度理想的量表。

三、量表效度检验

数据效度是指计量尺度能够准确衡量潜变量的程度,即计量尺度在多大程度上反映了本研究所需观测的变量的真实含义。效度通过内容效度(content validity)和建构效度(construct validity)来评价。本书对各变量的衡量多是在借鉴现有变量的测量尺度基础上进行的,并且经过理论和实践方面相关专家的甄别,因此具有较好的内容效度。建构效度是指量表测量由理论所产生的变量间关系的系列假设的能力,量表的建构效度检验应进行因子分析,其目的在于找出量表潜在的结构,减少题项的数目,使之变为一组数量较少而彼此相关性较强的变量。本书利用 SPSS 软件对测量模型进行探索性因子分析,以检验数据效度。

依据 Kaiser 的观点,题项间是否适合进行因素分析,可从取样适切性量数(Kaiser-Meyer-Olkin measure of sampling adequacy,KMO)值的大小来判别。KMO 指标值介于 0～1 之间,当 KMO 指标值小于 0.50 时,表示题项变量间不适合进行因素分析;若所有题项变量所呈现的 KMO 指标值大于 0.80 且小于 0.90,表示题项变量间的关系是良好的,题项变量间适合进行因素分析;KMO 指标值大于等于 0.90,表示题项变量间的关系极佳,题项变量间非常适合进行因素分析。

此外,若 Bartlett's 球形度检验结果达到 0.05 显著水平,可拒绝虚无假设,即拒绝变量间的净相关系数矩阵不是单元矩阵的假设。单元矩阵表示净相关系数矩阵中的非对角线数值(此数值为净相关系数)均为 0。若 Bartlett's 球形度检验结果未达 0.05 显著水平,则应接受虚无假设,表示净相关系数矩阵不是单元矩阵。若净相关系数矩阵是单元矩阵,表示变量间的净相关系数均为 0,则表示变量的数据文件适合进行因素分析。若显著性概率值 $P=0.000<0.05$,则应拒绝虚无假设,即拒绝净相关系数矩阵不是单元矩阵的假设,接受净相关系数矩阵是单元矩阵的假设,代表总体的相关矩阵间有共同因素存在,适合进行因素分析。对预调研量表结果进行进一步测试可以得到 KMO 值和 Bartlett's 球形度检验结果,见表 5-8。

---

[1] NUNNALLY J C. Psychometic theory[M]. New York:McGraw-Hill,1978.
[2] DEVELLIS R F. Scale development:theory and applications[M]. Newbury Park,CA:Sage publications,1991.
[3] 朱吉庆.中国国际新创企业成长研究[M].上海:复旦大学出版社,2010:172.

表 5-8　　　　　　　　前测量表的 KMO 和 Bartlett's 球形度检验

变量	指标	KMO	Bartlett's 的球形度检验		
			近似卡方	df	Sig.
政策机制	A11	0.727	176.864	15	0.000
师资队伍	A21	0.637	38.436	1	0.000
课程体系	A31	0.714	57.337	3	0.000
实践平台	A41、A42	0.612	41.257	1	0.000
自我觉察能力	B11、B12、B13	0.618	17.724	1	0.000
建立关系能力	B21、B22、B23、B24、B25	0.722	212.662	28	0.000
激励他人能力	B31、B32、B33、B34、B35	0.687	48.817	1	0.000
引领变革能力	B41、B42、B43、B44、B45	0.842	194.744	21	0.000
掌握企业经营基本原理能力	B51、B52、B53	0.895	204.524	24	0.000

由表 5-8 可见,前测量表的 KMO 值均大于 0.6,显著性概率值 P 均小于默认值 0.05,故可以通过检验。

预调研数据的信度检验与效度检验表明题项的相关矩阵间存在共同因子,数据适合进行探索性因子分析,最终可得到用于正式调研的量表(详见附录三)。

四、数据收集与分析

以初始量表为基础形成最终调研量表,依据追踪研究的流程,分别于 2016 年 8 月、2018 年 8 月、2020 年 8 月通过邮件、微信等途径进行调研,对所创企业处于初创期、存活期、成长期的"大学生创业英雄"进行了调查,剔除漏填、同一选项过多等样本后,三次发放问卷 150 份,回收有效问卷 139 份,占发放问卷数的 92.67%。对相关数据的分析结果如下。

(一)创业者在企业不同发展阶段对创业教育认知的比较

让初创期、存活期和成长期企业的大学生创业者对创业教育政策机制、师资队伍、课程体系和实践平台打分,统计分数后得到表 5-9。

表 5-9　　　　　企业不同发展阶段创业者对创业教育不同维度的打分情况

创业教育要素	初创期		存活期		成长期	
	平均值	标准偏差	平均值	标准偏差	平均值	标准偏差
政策机制	8.7232	0.87453	7.9446	0.92003	7.8745	0.88453
师资队伍	8.8721	0.92969	8.9713	0.93812	9.0345	0.98969
课程体系	8.3942	0.72156	8.3639	0.89091	8.1256	0.82164
实践平台	9.1544	0.86928	9.0134	0.98377	8.9678	0.87543

按研究惯例,效应值为 0.2 可解读为差异程度小,0.5 为差异程度中等,0.8 为差异程度大。结合表 5-10 各效应值可发现,两两比较的效应值都小于 0.5,说明在企业不同发展阶段,大学生创业者对创业教育不同维度的认知差异较小。需要注意的现象是,表 5-10 中政策机制的效应值较低,表 5-9 中其平均分值也较低,可认为创业者在企业不同发展阶段对创业教育的政策感知较一致,但对政策机制的正向认可态度都不如对其他创业教育要素强烈。

表 5-10　企业不同发展阶段创业者在创业教育不同维度认知上的效应值

创业教育要素	初创期与存活期比较值	初创期与成长期比较值	存活期与成长期比较值
政策机制	0.07	0.07	0.06
师资队伍	0.13	0.14	0.21
课程体系	0.15	0.25	0.30
实践平台	0.09	0.12	0.23

(二)创业者在企业不同发展阶段创业领导力的比较

由表 5-11 中标准偏差与方差值可知:在创业领导力评价上,所创企业处于成熟期的创业者存在较大差异,五方面能力的标准偏差(0.96321,1.088,1.00638,1.677,1.176)与方差(0.928,1.184,1.013,2.812,1.382)远远超过其他发展阶段指数;企业处于成长期和成熟期发展阶段的创业者,对掌握企业经营基本原理能力、自我觉察能力的满意程度总体好于企业处于初创期和存活期的创业者;在引领变革能力和激励他人能力上,大学生创业者的自我评价较低;结合掌握企业经营基本原理能力方差最小值 0.393 与最大值 1.382 的差异,可看出在企业不同发展阶段,大学生创业者对掌握企业经营基本原理能力的自我评价存在明显的两极分化趋势。

表 5-11　企业不同发展阶段大学生创业者自我创业领导力评价得分

企业发展阶段	创业领导力	最小值	最大值	平均值	标准偏差	方差
初创期	自我觉察能力	1	10	8.2372	0.89741	0.805
	建立关系能力	1	10	8.66	0.92969	0.864
	激励他人能力	1	10	8.3634	0.92156	0.849
	引领变革能力	1	10	8.1544	0.86928	0.756
	掌握企业经营基本原理能力	1	10	7.9184	0.62729	0.393
存活期	自我觉察能力	1	10	8.3648	0.84171	0.708
	建立关系能力	1	10	8.3096	0.91176	0.831
	激励他人能力	1	10	8.1316	0.87118	0.759
	引领变革能力	1	10	7.9446	0.92003	0.846
	掌握企业经营基本原理能力	1	10	8.4586	0.93812	0.88

续表

企业发展阶段	创业领导力	最小值	最大值	平均值	标准偏差	方差
成长期	自我觉察能力	1	10	8.3939	0.8909	0.794
	建立关系能力	1	10	8.153	1.13758	1.294
	激励他人能力	1	10	7.6068	0.97514	0.951
	引领变革能力	1	10	7.9207	0.78981	0.624
	掌握企业经营基本原理能力	1	10	9.0211	1.084	1.175
成熟期	自我觉察能力	1	10	8.7288	0.96321	0.928
	建立关系能力	1	10	8.2658	1.088	1.184
	激励他人能力	1	10	8.0943	1.00638	1.013
	引领变革能力	1	10	8.1567	1.677	2.812
	掌握企业经营基本原理能力	1	10	9.0854	1.176	1.382

第六节 大学生创业领导力群体追踪的 NVivo 分析

《2020年中国大学生就业报告》显示，2019届本科、高职毕业生自主创业比例分别为1.6%和3.4%，毕业生自主创业比例随毕业时间延长持续上升，且近五年大学毕业生半年内自主创业人群月收入持续高于同届毕业生平均水平。显然，创业已逐步成为大学生的一种职业新选择。大学生创立企业后如何实现创业成长，进而释放倍增效应，带动整体大学生增强创业信心并激发创业热情，促进高校毕业生这一重点群体高质、充分就业创业，成为学术界、企业界和教育界共同关注的话题。体育大学生与一般创业者在创业初始条件与商业模式构建等方面存在明显差异，且受体育学生自身特质影响，其创业成长过程更为复杂。因此，本部分专门筛选部分体育"大学生创业英雄"进行创业领导力研究，由此反观和思考创业教育如何更有效培养学生的问题。本部分体育"大学生创业英雄"是指体育院校学生或非体育类院校中的体育类专业学生，他们于在校期间或毕业后实施了创业活动。

一、群体概况

围绕研究问题，本部分把数据收集重点放在追踪企业成长阶段和创业领导力上，并鉴于案例资料翔实度和完整性，最终选择并确定了10名具有典型性和代表性的体育大学生创业者作为研究对象。然后，对这10名创业者创业历程及创业企业资料展开大范围收集，最终获得大量二手资料，案例基本情况见表5-12，为了尊重隐私，采用姓名拼音缩写代替10名创业者姓名，同时对企业名称也做了相应处理。

表 5-12　　案例基本情况

案例对象	性别	创业时间	创业时限	企业名称	经营方向	企业发展阶段	备注	案例来源
LB	男	大二	1年	YZYH体育发展有限公司	跆拳道培训	初创期		c
ZJD	男	大三	1年	SD体育用品店	体育用品销售	初创期		a
WYL	男	大四	1年	FLK健身管理有限公司	健身会所	初创期		a、e
LZ	男	大三	2年	RCDF传播有限公司	智慧城市	存活期		c
LF	女	大二	2年	BY教育咨询有限公司	拉丁舞培训	存活期		b
LHY	男	大一	3年	BQ人力资源咨询有限公司	特色教育创业基地	成长期		a、c
WH	男	大二	4年	ZAHL科技有限公司	"互联网+体育"产品开发	成长期	已正式在湖北"四板"上市	c、e
LDY	女	大二	9年	XXL体育文化传播有限公司	体育媒体平台、赛事中心和经纪中心	成长期		c
YAQ	男	大四	14年	DF体育产业股份有限公司	减重	成长期	即将完成A轮融资，有望三年内在创业板上市	a、c、d
LFS	男	毕业	16年	WYLW文体科技有限公司	搏击赛事品牌直播	成长期	已在天津股权交易所成功挂牌	c

注：(1)创业时限按照创业者开始创业时间和资料披露时间的间隔计算，如创业者于2020年创业，资料披露时间为2021年，则开始创业和资料披露的时间间隔为1年，即创业时限为1年。
(2)案例来源字母代码：a为学校官方网站，b为人物事迹，c为媒体报道，d为内部文件，e为行业报告。
(3)相关案例企业可在企查查、爱企查、国家企业信用信息公示系统等网站查询到。
(4)表中对案例企业发展阶段的判定，依据第二章第三节创业企业生命周期划分标准。

二、研究方法

本部分研究将重点分析企业生命周期各阶段创业者的创业领导力怎样变化、创业领导力在企业生命周期各个阶段发挥怎样的作用这两个问题，运用多案例归纳和解释方法来进行研究，相互比较，确认新发现是否能不断被多个案例重复印证。[①] 本部分通过对案例文本进行分析，将文字内容从零碎和定性的输入资料转换为系统和定量的输出数据，通过对有关体育大学生创业案例的二手资料进行审核、分类和编码，运用NVivo质性分析软件，从创业领导力视角尽可能客观分析创业企业生命周期不同阶段体育大学生创业成长呈现的特征及

---
① 王扬眉.家族企业继承人创业成长金字塔模型——基于个人意义建构视角的多案例研究[J].管理世界,2019,35(2):168-184,200.

面临的困境。

基于研究问题,依照"阅读和诠释文本—构建案例类目—编码文本片段—分析文本—呈现结果"的质性文本分析过程对材料展开分析,并运用"推论式类目建构"对文本材料中体现创业者创业领导力的行为活动进行分类。推论式类目依据"现有的研究话题相关的理论和现有假设去建构"[①],本部分在将创业领导力贯穿创业成长全过程的思想指导下,同样基于本书第二章德里克创业领导力理论及创业企业生命周期阶段划分标准,运用"推论式类目建构"对文本材料中体育大学生创业者的创业领导力类型进行归纳,对企业不同发展阶段创业者的创业领导力进行对比,进而对比不同创业领导力要素在创业成长中的作用。

收集案例资料后,研究者将文本数据导入 NVivo 质性分析软件,并遵从扎根理论的范式要求对体育大学生创业者的创业领导力进行编码,编码范畴、编码过程如图 5-5 和表 5-13 所示。

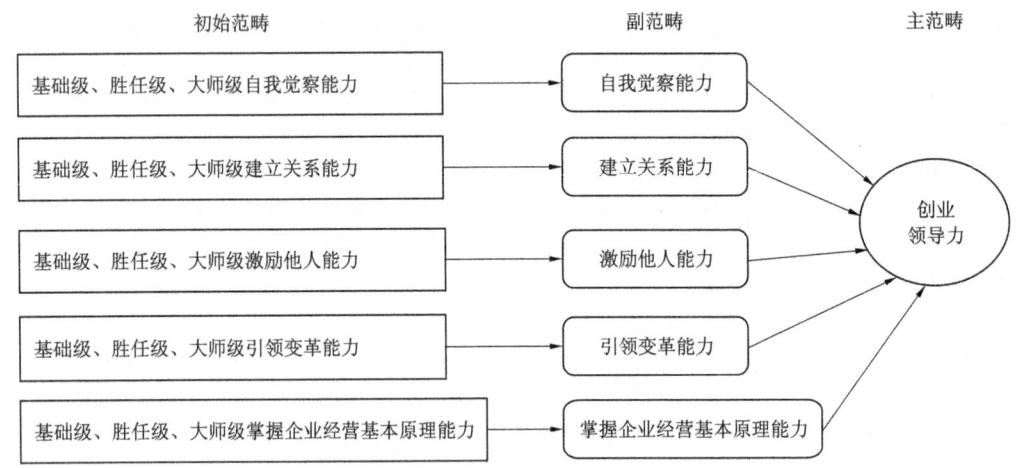

图 5-5 体育大学生创业者创业领导力编码

表 5-13 体育大学生创业者创业领导力编码示例

范畴	编码	引用语举例
自我觉察能力 A1	基础级自我觉察能力 A11 胜任级自我觉察能力 A12 大师级自我觉察能力 A13	A11:通过对市场情况和需求的一系列考察比较,ZJD 有了自主创业的想法,结合自己所学专业,艰难地创办起一家属于自己的体育用品店。创业初期,ZJD 以为只要怀着一颗赤诚的创业心,积极投身到创业的大潮中,就会有所收获。但是现实的残酷,一次次消耗着他的耐心和责任心,让他处处碰壁。 A12:"我觉得大学生创业,其实就是拿着一把木头枪上战场,觉得自己很英雄,实际上瞬间就被人打死了,自己还打不死别人。你经常会生活在绝望中,你不知道哪天会成功,哪天能够找到希望。"LHY 觉得,在最困难的时候,能支撑一个人坚持下去的就是选择创业时最原始的动机,即对改变自身生活窘境的渴望。

---

① 肖龙."好导师"的角色类型与师德特征——基于江苏省"十佳导师"候选人事迹的文本分析[J].学位与研究生教育,2019(4):21-26.

续表

范畴	编码	引用语举例
自我觉察能力 A1	基础级自我觉察能力 A11 胜任级自我觉察能力 A12 大师级自我觉察能力 A13	A13：LB 从来不吝啬和同学们分享自己创业成功或失败的经验，他说："虽然我现在是一个'老板'，但在我看来，我首先是大家的同学，就算以后各奔东西，我的经历能够帮助到他们，我也打心底里高兴。"
建立关系能力 A2	基础级建立关系能力 A21 胜任级建立关系能力 A22 大师级建立关系能力 A23	A22：在这门课结束的时候，YAQ 他们鼓起勇气敲开了陈教授办公室的大门，把自己的创业想法向陈教授报告，希望能得到陈教授的大力支持。陈教授对他们的创业想法十分赞赏，并当场表示："我负责安全和有效，你俩大胆创业。" A23：LZ 主动联系、协调五十多家旅游相关企业参与××县旅游协会活动，宣传××县旅游、文化。经旅游协会提名，LZ 被选为××县旅游协会副会长。
激励他人能力 A3	基础级激励他人能力 A31 胜任级激励他人能力 A32 大师级激励他人能力 A33	A31：看重"关系"大过看重"事业"，其结果就是姐妹在一起工作的时候太感情用事。闺蜜很在意 LDY 的语言内容和语气，总觉得 LDY 在工作当中说的话都是针对她。但 LDY 总觉得自己是对事不对人，她觉得初创团队每天进行思想碰撞、积极讨论，这都很正常。其结果证明，"不断地内耗"是初创团队最大的发展壁垒。 A32：他开始对身边的同学进行考察，说服大家和他共同创业。他经常"忽悠"同学们说："年轻就是要闯一闯，你的才华不会在我这里埋没。"对于有些踟蹰的同学，他也会宽慰说："不要怕，要相信你自己，你可以随时来我这里试教或者从兼职做起也行，慢慢来，不合适我们也不勉强，也算是给自己积累些工作经验嘛。" A33：公司一成立，WH 便从学校体育工程与信息技术学院和经济管理学院招聘相关专业的学生加入团队，一方面解决了公司的人才困境，另一方面也为学校学生提供了一个课外实践平台。此外，WH 还聘请了学校相关专业老师担任公司的技术顾问，这让年轻的团队有了更强的专业指导和技术支持。
引领变革能力 A4	基础级引领变革能力 A41 胜任级引领变革能力 A42 大师级引领变革能力 A43	A42：ZJD 以不断挖掘市场和开发新产品，提升公司产品质量和健身服务实力为落脚点，不断为顾客提供周到服务。 A43：体育产业企业以中小微企业为主，在发展过程中会碰到很多制约。WYLW 文体科技有限公司在天津股权交易所成功挂牌，是公司适应国家产业发展大势的积极作为，也为体育产业企业的发展指明了方向。
掌握企业经营基本原理能力 A5	基础级掌握企业经营基本原理能力 A51 胜任级掌握企业经营基本原理能力 A52 大师级掌握企业经营基本原理能力 A53	A51：对于自己走上创业路，LDY 觉得是偶然也是必然。"我家里做生意的比较多，从小就对这方面有所了解和接触；再加上在初中和高中那会儿，父母怕看电视影响学业，所以没安装有线电视，仅有的几个频道中，最喜欢看中央财经频道，也就是从那些财经节目中，我认识了那些财经人物和'大咖'，了解了一些创业的理念。"

范畴	编码	引用语举例
掌握企业经营基本原理能力 A5	基础级掌握企业经营基本原理能力 A51 胜任级掌握企业经营基本原理能力 A52 大师级掌握企业经营基本原理能力 A53	A52:公司是成立了,可是减肥业务该如何开展?应该给客户提供什么样的服务?第一位客户从哪里来?这些问题在成立公司前并没有思考得很清楚。当时正处在互联网高速发展的时代,互联网搜索引擎也在蓬勃发展,前前后后经过将近一周的时间,YAQ经过反复的头脑风暴,最终确定了以寄宿托管式减肥夏令营作为突破口。那么如何招生呢?他模仿了新东方初创时的推广方式。 A53:WH感言,"如今,'互联网+体育'迎来了新的机遇,我们正面对着一个更专业化、更精细化、更数据化的体育市场,这对体育产业的发展也提出了更高的要求。于我而言,最重要的事情就是,不断尝试创新,适应新常态,迎接新挑战,研发新产品,释放新效能,发挥体育人奋勇争先的品质,为健康武汉、健康中国的建设贡献力量。"

三、结果分析

(一)大学生创业成长的特征

在体育大学生创业者所创企业的不同发展阶段,创业者创业领导力编码情况见表5-14。

表5-14 企业不同发展阶段体育大学生创业者创业领导力编码情况

企业发展阶段	案例对象	自我觉察能力			建立关系能力			激励他人能力			引领变革能力			掌握企业经营基本原理能力		
		基础级	胜任级	大师级	基础级	胜任级	大师级	基础级	胜任级	大师级	基础级	胜任级	大师级	基础级	胜任级	大师级
初创期	LB	1	1	1		1	1		1	1			1		1	
	ZJD	2				1			1			1					1
	WYL	1								1					1	2	1
存活期	LZ					1							1			2	
	LF		5	2	1				1	1					1	1	1
成长期	LHY		5	2		3							1	2	1	1	1
	WH		2			1			2	1				2			2
	LDY	1				1		1	1	1				1	1	1	2
	YAQ		3	1		2	1		1	2				3		1	2
	LFS		2			2	1						1	1			2
编码合计		5	18	7	0	8	9	1	7	7	0	4	9	7	9	11
		30			17			15			13			27		

注:表中数字代表对应范畴的编码个数。

观察表5-14编码情况并深入分析对应编码的文本发现,在创业企业不同发展阶段,体育大学生创业者创业领导力呈现出如下特征。

1. 自我觉察能力随创业企业成长而成长

体育大学生创业者自我觉察能力随创业企业成长而成长。在企业初创期,创业者自我觉察能力多为基础级,而在企业存活期和成长期,创业者自我觉察能力不断提升,达到胜任级或大师级。创业者对自身动机、特质和技能的评估越准确、全面,就越有助于创业成长,即创业者越明确自己的创业动机,了解激励自身创业行动的因素,或了解自我特质和自身已经掌握的技能,了解自己的优势和劣势,了解自己还需获得什么技能,就越容易创业成功。

在创业领导力五项能力中,自我觉察能力是对大学生创业者创业成长影响最大的因素,其次是掌握企业经营基本原理能力,然后是建立关系能力、激励他人能力和引领变革能力。

2. 建立关系能力在创业企业各发展阶段均需具备

体育大学生创业者建立关系能力在创业企业所有发展阶段均需有所具备。体育大学生创业者在建立关系能力方面至少达到胜任级水平,他们在创业过程中得到了有建设性的建议,或得到了老师、家人与朋友的帮助。教师的建议和鼓励对在校创业的大学生的作用尤为明显。

对建立关系能力的所有编码进行分析发现,所有创业者都能认识到与对创业成功起关键作用的人(组织)建立不同类型关系的重要性,并为建立关系而采取切实行动。如:"利用一切机会向机构里的前辈们取经""鼓起勇气敲开了陈教授办公室的大门,把自己的创业想法向陈教授报告,希望能得到陈教授的大力支持""蹭了两年课,认识了不少专业人士,积累了对媒体、直播等的了解""和其他创业者有了很多交流,思路也更加开阔,企业品牌也得到了更多关注和广泛传播""学院提供了技术指导,学校的创业特区为公司提供了办公场地和宣传资源""主动联系、协调五十多家旅游相关企业参与""与三家快递和托运公司签订了合作协议""一次次与有关方面交涉""诚意打动了几位商家,并与之形成了合作""并不避讳谈起类似的'公关'细节,在他看来,这是一种沟通技巧,是跟社会打交道的能力"。

3. 掌握企业经营基本原理能力在创业企业各发展阶段均有展现

同样,体育大学生创业者掌握企业经营基本原理能力在创业企业所有发展阶段也都有所展现。分析发现,在企业不同发展阶段,所有创业者均掌握不同程度的企业经营基本原理能力,他们了解企业运营的基本原理,包括创业项目、操作流程和企业文化,以及企业如何从创建到产生持续价值、走向成熟。个别创业者较早熟悉企业经营理念,在企业发展过程中实现了掌握企业经营基本原理能力从基础级到胜任级,再到大师级的不断提升。如:随着企业不断发展成长,LDY掌握企业经营基本原理能力从"最喜欢看中央财经频道,也就是从那些财经节目中,我认识了那些财经人物和'大咖',了解了一些创业的理念……得知学校有大学生创业者协会,便毫不犹豫地加入……初创团队逐渐形成"(初创期,基础级),到"当时学校里有人提出,我们应该从会展中心那边寻求商机,这句话也提醒了我……建立了商务服务公司,第二次创业逐渐走上正轨"(存活期,胜任级),再到"思考着自己的下一步该怎么走,自己的这个项目如何转型……开始了新一轮的自我成长"(成长期,大师级)。

4. 创业领导力五项能力对创业成长并非完全必需

表5-14数据显示,创业领导力的五项能力对创业成长而言并非完全必需,即使缺乏其中某项能力,创业者仍可创立企业,或带领企业存活下来,或实现企业可持续化发展。具体表现为:企业处于存活期或成长期时,个别大学生创业者并未展现出明显的激励他人的能力,或创业者本人并未察觉到激励他人这一领导力在其创业成长中的地位和作用;企业处于初创期或存活期时,个别大学生创业者并不具备引领变革的能力。但值得注意的是,所有在企业处于成长期的创业者均具备引领变革能力。

但不管企业处于哪一发展阶段,创业者均需具备创业领导力中的两项能力,即建立关系能力和掌握企业经营基本原理能力。

(二)大学生创业成长的困境

创业过程中,体育大学生创业者在机会维持、资源与团队匹配、激励团队、引领变革等方面扮演决策者角色,但由于企业在各个发展阶段的任务重心不同,创业者面临的困境也不同。

1. 初创期困境:市场开发、社会经验与社会支持

体育大学生创业者对体育产业的发展动态更敏感,在识别和利用体育产业商机创业方面有一定优势。但由于创业者没有从事贴近市场前沿工作的经验,对市场需求的了解不够,同时,创业者的管理知识与技巧多源于自身摸索和经验积累,获取企业管理知识及技巧较困难,在市场调研、市场开发、市场竞争应对、内部运营成本管理等方面也存在困难。

同样,由于大学生生活经历较单一,社会阅历欠缺,其储备的信息也主要是从课堂上学习到的理论、原理、方法等结构化的静态知识,组织或整合知识能力缺乏,解释和利用信息能力不足,因此在一定程度上缺乏创业警觉。在创业案例中,就有体育大学生创业者讲述了自己在企业初创期上当受骗的情况。

社会支持是指创业者从社会网络中获得的各种有形和无形的关心和帮助①,这是影响创业者决定继续创业或退出创业的重要因素。有形的社会支持是指物质上的直接援助和社会网络中客观的、实际的或可见的支持;无形的社会支持即主观体验到的支持,是个体在社会中感到被尊重、理解和支持。研究发现,在企业初创期,创业者虽获得一些有形的物质支持,但其创业行为往往不被家人理解,创业行为乃至创业绩效受到影响。

2. 存活期困境:团队合作、人才资源与财务资源

存活下来的新创企业面临更复杂的市场环境,其创业成长的重心在于吸引更多有才能的创业伙伴,建立优秀的创业团队。由于学习生活圈子固定,体育大学生在寻找创业合作者时大多局限于同学和好朋友,这一方面导致合作者与创业者经历、教育、背景相似,团队成员的知识、培训、技能和社会网络重叠程度较高,团队成员互补空间小;另一方面,团队的维系多依赖于同学和好朋友之间的情感,导致运营过程中易发生团队冲突与个人情感混淆,团队内聚力和决策效率低下,影响企业运营的专业化判断。

人才资源和财务资源支持是创业活动顺利开展的必要条件,也是将潜在商机转变为现

---

① 鲁喜凤,郭海.机会创新性、资源整合与新企业绩效关系[J].经济管理,2018,40(10):44-57.

实利润的基础,创业者对这些资源的需求程度通常随创业阶段发展而发生改变。在企业存活期,体育大学生创业项目有所拓展,创业企业规模扩大,企业对人才资源需求增加,运营成本也不断增加;体育大学生创业者同时面临财务资源困境,如"学员增至5名,即便这样,LF所收取的学费也仅够支付教室租金"。

3. 成长期困境:企业转型、投资信任与合作信任

对创业企业而言,随着时间推移及创业系统内外部因素不断变化,加之创业企业内部能量的不断积蓄,以往的发展模式不能满足新环境及新市场的需求,因此,企业转型特别是战略转型成为体育大学生创业者在企业成长期实现创业成长面临的困境。在组织目标、结构、价值观等方面作出重大变革,在面临重大问题时能绝处逢生,不仅是创业者自我成长的要求,也是创业企业转型发展的要求,一些创业者甚至会为了企业成功转型而到更具创业氛围或创业产业更发达的地区取经。

在企业成长期,由于创业规模不断扩大和企业转型需要,如何获得新一轮投资或商业合作方的信任与支持,成为摆在体育大学生创业者面前的难题。以赛事服务创业项目为例,创业者认为如此繁杂的项目"其中的艰辛真是不足为外人道也""能够一场场圆满办下来,真心要感谢政府各个部门的支持和配合,尤其是公安部门"。

四、创业领导力视角下创业教育的培养目标

(一)着重提升学生建立关系能力

以往研究认为,资金紧张、融资难度大是大学生创业面临的关键障碍,而对体育大学生创业者的案例研究发现,近年来,融资难并非创业者面临的主要困境。由于社会创业氛围和创业观念的变化,企业初创期融资渠道较丰富,不仅有家庭创业资金等自筹资金支持,而且有学校创业资金(创业贷款、创业补贴)、政府创业专项基金、创业风险投资等资金支持,这些融资渠道和资金支持足以帮助体育大学生创业者创立企业并着手运营。进入存活期,创业企业才会在规模扩张情况下产生融资需求,当融资需求得以满足并顺利度过存活期进入成长期时,创业企业反而更容易获得银行贷款或商业投资,乃至取得上市资格。因此,在融资并非创业者主要困境的背景下,有效提升大学生创业者的建立关系能力,成为促进创业成长的有效途径。

一方面,企业初创期,建立关系能力的提升,能让创业者从亲人、朋友等社会群体中获得更多无形支持,相关社会群体的关爱、信赖和共鸣,能使其在创业过程中更乐观向上,能以更积极的心态面对创业压力。

另一方面,企业存活期与成长期,建立关系能力的提升,有助于创业者与员工、投资人、合作方形成共同目标并获得他们的信任,企业更富有生产力。

(二)重点培养学生掌握企业经营基本原理能力

体育大学生创业者在企业不同发展阶段均掌握不同程度的企业经营基本原理能力,这一成长特征表明,学校教育在大学生经营管理技能培训上大有可为。体育大学生在校期间更多从事的是体育专业训练项目的学习,企业经营管理理论学习与实践的机会较少,因此,

高校可在创业教育中面向全校开设创业通识课程,重点培养学生创业领导力中的掌握企业经营基本原理能力。

一是通过开设经营管理类课程、开设创业论坛沙龙、开展创业训练营等方式,由专业教师、企业家或创业典型结合创业案例,直接或直观地向学生传授营销管理、财务管理、技术使用、商业管理等企业经营管理方面的知识。

二是实现体育课程"专创融合",充分挖掘体育专业课程的创业教育资源,提升学生专业研发兴趣和能力,为学生从事基于体育专业的创业活动夯实基础,促进体育专业学生在专业学习中发现创业机会,或在创业过程中充分运用体育专业知识开展经营,形成创业优势。

(三)全面培养大学生创业领导力

虽然创业领导力五项能力对体育大学生创业成长来说并非完全必需,且对体育大学生创业成长的影响程度也有所不同,但案例研究表明,成功的体育大学生创业者都善于激励他人,在创业过程中,创业者至少有一个可以寻求建议的创业领导者或朋友,并有愿意与他们一起实现创业目标的追随者,而且,其耐力和执行力都很强,在目标市场不信任、运营资金缺乏等压力下,依然能引领企业变革,实现企业可持续发展。

由此,提升大学生创业绩效有必要促进学生自我觉察,全面培养创业领导力,使大学生能在创业时发挥创业领导力带动员工提高工作绩效,在创业行为中展现出优秀的道德素质、商业能力和企业责任意识等,从而提升外部投资者与合作者对大学生的信任度,为创业成长奠定资源基础。

第六章 大学生创业教育有效性的主体反观[①]

本书第四、第五章从创业教育客体的角度,分别论证和分析个体和群体追踪研究下创业教育的有效性表征,即创业教育在企业不同发展阶段是如何影响大学生的创业领导力或创业能力的。然而,创业教育的主体是高校,高校是如何看待和审视自身创业教育的有效性的呢?本章将从主体视角对创业教育有效性进行反观,以充分印证和补充课题研究的发现。

第一节 问题提出

在组织理论中,评估指标是提高组织绩效评估结果信度和效度的关键,组织绩效评估最关键的是选择什么样的指标或标准。组织绩效评估指标一般有三种——以结果为基础的指标、以过程为基础的指标、以结构为基础的指标,即结果指标、过程指标和结构指标。[②] 其中,结果指标常被视为评估绩效的典型指标,表明组织已施行了某种操作,此类指标集中关注组织某种物质的特定特征;过程指标主要涉及组织行动的数量或质量,评估的是组织的努力过程而非结果,此类指标代表一种不考虑产量的组织投入或能力评估,试图回答组织"曾做过什么"及"曾做得怎么样"的问题;结构指标则评估组织有效运作的能力(如通过证书等级类型衡量学校教师水平,或通过图书馆藏书量等评估学校),这类指标建立在假定对组织绩效产生影响的组织特征或参与者特征基础上。价值取向是某一主体在面对或处理各种矛盾冲突、复杂关系时基于自身价值观所持的基本立场、态度以及所表现出来的基本倾向[③],具有传递组织期望和内隐价值观,最终引导和调节组织行为的定向功能。在组织绩效评价实践中,价值取向是绩效评价的灵魂,指标体系是绩效评价的躯干,二者具有紧密互动关系。

从组织绩效评估角度看,自评报告是高校进行绩效自我评估的基本模式,报告文本即自我评估的结果呈现,反映了高校对自身特性的认识及对自身绩效的定位,以及高校在评价自身教育成效时的价值取向,影响着高校教育绩效目标的设定、绩效评价指标的构建及绩效评价结果的应用。创业教育是高等学校这一组织形态的重要行为,创业教育效果评价则属于组织绩效评估范畴,自评报告中高校创业教育成效的自我评估反映了高校实施创业教育所秉承的价值取向,以及这一创业教育价值取向所蕴含的评价指标体系构建思想和运用倾向。

[①] 兰文巧.组织绩效评估视域下高校创新创业教育价值取向的反观与思考[J].黑龙江高教研究,2020,38(9):117-121.
[②] [美]W.理查德·斯格特.组织理论[M].黄洋,译.4版.北京:华夏出版社,2002:340-344.
[③] 徐贵权.论价值取向[J].南京师大学报(社会科学版),1998(4):40-45.

同时,高校创业教育自我评估体现了学校对过去创业教育工作的总结与评价,反映了学校自身创业教育价值取向及评价倾向,以及创业教育工作是否全面有效,而且,自评报告往往与应然的、科学的评价体系有一定差距,因此,有必要从自评文本反观高校创业教育的价值取向及其所需改进完善的方面。本书利用 33 所地方高校创业教育成效自评文本资料,基于组织绩效评估的指标构建思想,通过对自评文本进行分析,反观高校创业教育的自我认识及自身绩效定位,解构高校创业教育的价值取向和内源动力,从而推动高校创业教育价值取向与评价指标体系的有效耦合,以期对创业教育有效性评价理论研究及实践提供借鉴。在此需要说明的是,目前高等学校创业教育评价普遍采用"创新创业教育"一词作为正式考核指标,故本部分原样使用该指标的相关文本数据进行创业教育的相关分析。

第二节 研究方法与技术

一、研究方法

内容分析法是一种经由一系列程序对文本材料进行分类、简化并进行有效推论的研究方法,其目的是弄清或测验文本材料中的本质性事实和趋势,揭示文本材料所包含的隐性情报内容,从而对事物发展进行情报预测。该方法具有三个方面的用途:反映群体、结构或社会的文化模式;揭示个体、群体、机构或社会关切点;描述传播内容的趋势。[①] 就研究工具而言,内容分析是处理科学资料的专门化过程,旨在提供知识,表明事实,发掘真知灼见。[②]

本研究采用内容分析法。首先,对高校自评报告中关于创业教育成效的内容进行研读分析,筛选出所有与创业教育成效相关的关键词;其次,结合组织绩效评估指标类型的特征,将自评报告中涉及创业教育成效关键词的内容划分为结果指标、过程指标和结构指标三个维度;最后,借助 NVivo 质性分析软件,将所选关键词编码到三个指标维度中,从而测量高校创业教育的价值取向,揭示高校创业教育的内源动力。

二、样本选取

2017 年 5 月,L 省根据《教育部关于开展普通高等学校本科教学工作审核评估的通知》(教高〔2013〕10 号)精神,结合本省高等教育供给侧结构性改革和发展需要,制定了普通高等学校本科教学工作审核评估实施方案。为"强化人才培养核心地位及与地方经济社会发展的适应性",在普通高等学校本科教学工作审核评估范围内,除确定《教育部关于开展普通高等学校本科教学工作审核评估的通知》要求列出的审核项目外,还根据本省实际进行了适当补充,即在教育部原有六大类审核项目基础上,增加了考察地方高校"服务区域"和学校"特色项目"两大类审核项目。其中,"服务区域"这一审核项目的审核要素包含了"校企协同育人""转型发展""创新创业""跨校修读学分与国际合作"四个要点,"创新创业"审核要点又包括三项审核指标:①创新创业教育的平台建设、资源建设、经费支持和保障措施;②创新创

---

① [美]罗伯特·菲利普·韦伯.内容分析法导论[M].李明,译.2 版.北京:格致出版社,2019:8.
② 王石番.传播内容分析法:理论与实证[M].台北:幼狮文化专业公司,1989:20.

业训练计划、科技创新竞赛的覆盖面、受益面;③创新创业教育成效及带动就业情况。2017年9月—2019年11月,L省共33所高校参加了本科教学工作审核评估,提交了自评报告,在"创新创业"这一审核要点中,各高校对本校创新创业教育成效等方面进行了自我评估。

本书选取33所高校本科教学工作审核评估自评报告为研究样本,对报告中"创新创业教育成效及带动就业情况"的文本内容进行梳理,分析各高校在创新创业绩效评估结果指标、过程指标和结构指标三个维度上的注意力强度,继而得出高校创业教育的价值取向。

三、文本编码

本书对自评报告的文本编码具体操作如下:第一,将组织绩效评估的结果指标、过程指标和结构指标三个维度定义为树节点,即作为一级节点在NVivo软件中建立起来;第二,在每个一级节点上分别建立次级节点,即建立树节点的子节点;第三,将33份自评文本导入NVivo软件中,对文本进行逐字、逐词、逐句阅读,将参考点(反映子节点的字、词、句)归入子节点中,通过观测"材料来源"对"节点"的支撑度,剖析节点支撑度及节点关系,从而揭示高校创业教育指标选择与价值取向之间的潜在联系。

第三节 数据描述与分析

一、高校创新创业教育自评文本中的结果指标呈现

组织绩效评估中,结果指标的特征是考核组织行为的最终结果。对33份自评文本的内容进行分析发现,高校对创新创业绩效的自我评估分别集中于学生创业竞赛(年会)项目和论文获奖数量、学校涌现创新创业典型企业(人物)情况、学校创新创业荣誉称号情况、大学生创新园(创业园/科技园)孵化企业数量、学校创新创业教学及科研成果情况、学校毕业生自主创业比例、学校创新创业教育产生的社会影响、学生论文发表数量、学生专利发明数量、学校创新创业经费资助(拨款)获得额度、学生创办企业数量、学生职业技能竞赛获奖数量、学生相关资格证书获得数量等方面,具体情况见表6-1。自评文本的结果指标呈现特征为:

(1)高等学校将学生创业竞赛(年会)项目和论文获奖数量作为最能代表学校创新创业教育成效的要素,33份自评报告都对这一内容进行了描述。

(2)学校涌现创新创业典型企业(人物)情况、学校创新创业荣誉称号情况、大学生创新园(创业园/科技园)孵化企业数量被50%以上的高校用于展示其创新创业教育成效,分别有22份、20份、18份自评报告描述了以上指标的相关绩效。

(3)学校创新创业教育产生的社会影响这一要素相较学生论文发表数量、学生专利发明数量、学校创新创业经费资助(拨款)获得额度、学生创办企业数量、学生职业技能竞赛获奖数量、学生相关资格证书获得数量等量化指标,更受高校青睐。33份自评报告中,8份自评报告用学校创新创业教育产生的社会影响这一要素体现学校创新创业教育成效,在报告中突出媒体对学校创新创业教育的报道和上级领导对学校创新创业教育的肯定。

表 6-1　　　　　　　创新创业教育自评文本中的结果指标

指标维度 (树节点)	可操作定义 (子节点)	参考点 个数	参考点举例 (说明:学校编号不同,代表参考点来自不同学校的自评报告)
结果指标	学生创业竞赛(年会)项目和论文获奖数量	33	A校:获"挑战杯"全国大学生课外学术科技作品竞赛三等奖3项,省"挑战杯"赛特等奖5项;获2017大连"星海之星"青年创业大赛高校组总决赛第二名,在校大学生创业项目二等奖1项,优胜奖1项
	学校涌现创新创业典型企业(人物)情况	22	B校:优秀毕业生张文刚荣获"2015年大学生创业英雄10强"称号,带动学生就业70余人;在校创业学生胡安基的"印象小北摄影工作室"企业创业项目在全国大学生网络商务创新应用大赛中荣获一等奖,年盈利20余万元,工作室带动学生创业60余人
	学校创新创业荣誉称号情况	20	C校:获批国家级"大学生创新创业训练计划"实施院校,省"大学生创新创业训练计划"A类实施院校⋯⋯获"国创计划十周年"最佳组织奖
	大学生创新园(创业园/科技园)孵化企业数量	18	D校:学校创业孵化基地有在孵大学生创业企业13家,学生创业团队69家,已孵化出了综源呈进(大连)教育信息咨询有限公司、大连陈博士教育科技有限公司、大连竹林科技有限公司等24家大学生创业企业
	学校创新创业教学及科研成果情况	12	E校:2014—2016年,学校教师主持省级以上教改课题120项,其中创新创业教改课题24项,主持完成的"校企协同培养应用创新型人才研究与实践"于2014年获国家教学成果二等奖
	学校毕业生自主创业比例	11	F校:2014届本科毕业生中有3人创业,占毕业生总人数比例为0.09%;2015届本科毕业生中有4人创业,占毕业生总人数比例为0.11%;2016届本科毕业生中有2人创业,占毕业生总人数比例为0.06%
	学校创新创业教育产生的社会影响	8	G校:学校创新创业教育在社会引发广泛共鸣,省内多所高校先后到校学习与交流,省、市新闻媒体多次进行宣传报道,有关领导来校指导工作时均对创新创业教育主要机制和措施及取得的成绩给予了充分肯定
	学生论文发表数量	7	H校:近三年本科生发表论文108篇
	学生专利发明数量	6	I校:2015年以来,授权发明专利43项、实用新型专利136项
	学校创新创业经费资助(拨款)获得额度	5	J校:学校创新创业教育已经取得初步成果,有38个项目获得创新创业种子基金资助
	学生创办企业数量	4	K校:成功创办学生企业32家
	学生职业技能竞赛获奖数量	4	L校:在具有专业特色的大学生临床技能竞赛中屡获佳绩,其中2015年、2016年获全国总决赛一等奖,2013年、2014年、2017年获全国总决赛特等奖
	学生相关资格证书获得数量	2	M校:3681人取得了各类职业(执业)资格证书
	参考点个数合计		152

二、高校创新创业教育自评文本中的过程指标呈现

过程指标主要涉及组织行动的数量或质量,如果组织绩效评估试图回答的问题是"曾做过什么"及"曾做得怎么样",那么所有过程指标评估的都是努力过程,而非取得的结果,因此,此时组织收集的资料更有可能与工作过程而非工作结果相关。对33份自评文本的内容进行分析发现,在自评过程中,高等学校既对创新创业教育工作过程的过程性数量指标进行了描述,又对创新创业教育工作过程的实施内容进行了描述,具体情况见表6-2。自评文本的过程指标呈现特征为:

(1)一些高校注重过程性数量指标的描述,如用学校举办创新创业年会、校级创新创业比赛、创业路演、创业沙龙、创业论坛、创业培训等数量指标展示学校创新创业教育成效,有11份自评报告对这类指标进行了描述。

(2)一些高校注重创新创业教育工作过程的内容描述,如对创新创业教育改革措施、多渠道推动创业就业措施、推进创业项目孵化工作措施、推动学生职业技能提升措施进行了内容描述,有14份自评报告以此展示学校创新创业教育成效。

(3)有1份自评报告在学校"特色项目"这一审核项目大类中,将创新创业教育作为本校特色项目,进行了大篇幅描述。

表 6-2　　　　　　　　　创新创业教育自评文本中的过程指标

指标维度 (树节点)	可操作定义 (子节点)	参考点 个数	参考点举例 (说明:学校序号不同,代表参考点来自不同学校的自评报告)
过程指标	学校举办创新创业活动 (创新创业年会、 校级创新创业比赛、 创业路演、创业沙龙、 创业论坛、创业培训等)数量	11	N校:累计开展创新创业项目路演分享会3场、创业大讲堂5期、创新创业讲座4场、大型培训会3次。 O校:开展创业培训3期,每期120学时,有116名学生取得了SYB创业培训证书
	学生参与教师科研项目数量	2	H校:2017年,共有300余名学生参加了167项教师科研项目
	创新创业教育改革措施	11	A校:采用研究性、讨论式、案例教学、项目与实务导向性教学等教学方法,激发学生基于创造性思维的创新创业灵感
	多渠道推动创业就业措施	1	P校:"三帮扶"扶持大学生实现更高质量的创业就业。一是全面提升中加强重点帮扶,二是理论培养中加强实践孵化相帮扶,三是一站式服务中加强持续帮扶
	推进创业项目孵化工作措施	1	R校:成立大学生创新创业指导中心,让学校成果转化办公室工作人员在中心兼职,理顺科技成果转化推动学生创业就业的工作机制
	推动学生职业技能提升措施	1	S校:学校设立了创新实践学分,并且将学生的从职技能鉴定也纳入创新实践学分中
参考点个数合计		27	

三、高校创新创业教育自评文本中的结构指标呈现

结构指标评估的是组织有效运作的能力,它既不衡量组织要执行的工作,也不衡量组织参与者实施的行为,而是衡量组织完成工作的能力,即组织从事此项工作的资格。质性分析结果显示,仅有 10 份自评报告显示了创新创业教育的结构指标维度,主要涉及创新创业课程的覆盖面、学校众创空间的占地面积、参与创新创业训练的学生覆盖面三方面,具体情况见表 6-3。

表 6-3　　　　　　　创新创业教育自评文本中的结构指标

指标维度 (树节点)	可操作定义 (子节点)	参考点 个数	参考点举例 (说明:学校序号不同,代表参考点来自不同学校的自评报告)
结构指标	创新创业课程的覆盖面	2	C校:接受创新创业课程教育人数达到100%
	学校众创空间的占地面积	4	D校:2015年3月成立的"上游汇"众创空间是国家级众创空间,面积3100平方米,供创业企业和团队开展创新创业活动使用
	参与创新创业训练的学生覆盖面	4	T校:近5年来,学生参加院级、校级和省级创新竞赛年均达16000人次,覆盖在校本科生80%以上
参考点个数合计		10	

第四节　结论与讨论

对 33 份自评报告进行分析发现,自评报告反映了高校对其创新创业教育的自我认知和绩效定位,映射出高校创新创业教育的价值取向。要实现创新创业教育评价指标体系与高校创新创业教育价值取向的有效耦合,有两个问题值得探讨。

一、平衡创新创业教育评价的价值取向

研究发现,高校更愿意用结果指标反映创新创业教育成果,过程指标次之,结构指标则往往被忽略。由此可见,在创新创业教育价值取向上,高校更注重结果形成,过程建设次之,而反映创新创业教育完成能力的结构指标最容易被忽略。

结果指标通常是滞后指标,学生毕业后创业率、杰出创业校友数量等指标是创新创业教育结果指标"时滞性"特征的反映。从某些方面看,过程指标是反映组织运作特征的更有效指标,它直接评估组织运作的价值,而非从结果推论组织运作特征。过程指标采用的前提是,假设那些被要求用来保证组织绩效的具体行为是已知的。也就是说,采用过程指标的前提是"诚信",即高校自评报告中的创新创业教育行为是真实发生的,而非根据结果做出的过程推论或过程总结。同样,采用过程指标容易将过程和实质混为一谈,一旦二者模糊不清,便有一种新的逻辑被假定为合理,即"过程越多,结果就越好",如:将创新创业教育中的教和学混为一谈,将学生获得的职业教育资格证书和学生职业能力混为一谈,将学生流利的语言能力和发表创新观点的能力混为一谈。

如果过程指标一度远离结果指标,那么结构指标将再次与结果指标保持较远距离,因为

结构指标不衡量组织参与者的行为,而是衡量组织完成工作的能力,即组织从事此项工作的资格。因此,需要注意的问题是,过程指标和结构指标是否对结果指标无益处,甚至产生有害影响。例如,过于强调创新创业课程的覆盖面、参与创新创业训练的学生覆盖面,是否会分散学校创新创业教育的着力点和实效性。

二、平衡创新创业教育评价的指标权重

不同高校对结果指标、过程指标和结构指标重要程度的理解不同,因此在自评报告中的着墨亦有所不同。指标权重系数的构成反映绩效评估的价值取向,权重大小意味着该指标在高校创新创业教育行为指向中的作用程度,因此,权重选择的科学程度影响高等学校创新创业教育评价体系的科学构建。

作为一个有机整体,指标体系不可能将所有因素一一列出,想要用指标描述所有因素也是不现实和不可能的。[①] 因此,指标权重的设置既要反映影响创新创业教育成效的因素的全貌,又要能描述和评估创新创业教育成效的最大限制性主导因素,如此才能表征创新创业教育最本质、最基本的特征。高校可根据自身创新创业教育的培养目标导向,科学设置指标权重,引入群组决策、综合评价法等科学方法确定结果指标、过程指标和结构指标的权重,在设置权重时兼顾指标体系实用性和可操作性、动态性和静态性的相互统一,实现对高校创新创业教育成效的有效评估。同样,教育管理部门也可在创新创业教育督导工作中,借鉴组织绩效评估指标构建思想,将创新创业教育评估的审核项目和审核要素划分为结果指标、过程指标和结构指标三个维度,确定各维度指标的权重系数,引导高校创新创业教育高效率服务于社会经济发展需要,营造创新创业教育发展的良好氛围。

---

① 刘雪飞.循环经济学[M].北京:中国大地出版社,2009:328.

第七章 总结与展望

本章在价值层面和技术层面,依据前期大学生创业教育对大学生创业领导力的影响路径及作用的研究发现,归纳和整理了主要研究结论,并提出提升大学生创业教育有效性的建议。

第一节 主要结论与发现

一、创业教育有效性的评价视角问题

目前,创业教育有效性的评价视角一般有两种:第一种视角基于创业教育的实施内容,评价的是创业教育本身,即主要评价本书归纳的创业教育政策机制、课程体系、师资队伍、实践平台这几个方面,在此背景之下形成的创业教育评价标准也主要延续"以教论教"的传统评价标准,偏重知识传递和接受,而对学生能力、情感、个性等方面的培养效果有所忽略,具有一定的单一性;第二种视角基于创业教育的实施效果,评价的是学生创业能力的提升效果,如评价学生的创业领导力相关能力较之接受创业教育之前是否有所提升,简而言之,评价标准更多由"以教论教"向"以学论教"转变。

从教与学的互动关系视角,如在创业教育实施效果视角下考察创业教育的有效性,再去评价和调整创业教育实施过程,更能实现教学价值取向与学生发展的有效融合。因此,从评价视角看,创业教育要重视对教与学的评价,创业教育的学生学习参与度、目标达成度等效果评价应先于教育资源生成度、教育环节清晰度、教育过程开放度等过程维度的评价。也就是说,如果借鉴组织绩效评估指标构建思想,如若设置结果指标、过程指标和结构指标三个维度对创业教育的有效性进行评价,那么在权重设置上,结果指标的权重应大于过程指标和结构指标的权重。需要注意的是,结果指标通常是"滞后"指标,采用结果指标时就需要在实施评价的时间上考虑有效性评价的"时滞性"特征。

二、创业教育有效性的评价内容问题

如若依据结果指标评价创业教育的有效性,则应重视学生的能力发展评价。能力既指一个人在当前发展阶段已经具有的现实能力,也指一个人在现有发展条件下经进一步训练有望达到更高水平的可能性。[①] 作为创业教育有效性评价内容的能力主要侧重后一种能力,强调发现和提出问题的能力、分析和综合问题的能力及解决问题的能力等与创业教育方

---

① 吴国来,张丽华.学习理论的进展学[M].天津:天津科学技术出版社,2008:262.

面有关的评价内容,而非仅将学生毕业后创业率、杰出创业校友数量等指标作为创业教育有效性结果评价的内容。

低创业率和创业成功率一定程度上会对大学生的创业热情产生负面影响,从本书研究结果看,提高创业热情很重要的一个方面是要在提高创业率基础上延长企业的存活期。这就依赖于学校创业教育有效地通过创业能力培养使学生具备带领所创企业可持续发展的能力或潜力,甚至使学生具备持续创业或二次创业的能力。因此,创业教育有效性的评价内容更应是侧重于能力发展性评价,要根据国家或区域创业企业持续发展的能力需求,在建立大学生创业能力评价体系的基础上,建立大学生创业能力测评系统要素矩阵模型,完善专家系统和测评要素模型与数据仓库建设,对学生的创业能力测评数据进行统计、汇总、分析和管理,从而反过来指导学校的创业教育。

三、创业教育有效性的评价主体问题

应在创业教育有效性评价的评价视角基于"以学论教"的结果指标、评价内容基于学生创业能力发展测评的基础上,改变创业教育有效性的评价主体为教育管理人员和教育督导的现状。在创业教育有效性的评价主体上,单极化的评价主体或单一性的他人评价忽视了创业教育的两个重要组成主体——教师和学生,消解了教师和学生在创业教育改革创新发展中的价值及意义。由于教育管理者的单极化评价主体限制了创业教育有效性评价的全方位视角,缺乏教师、学生、家长等多元评价主体参与,创业教育的动态性和发展性在一定程度上被忽视。

只有实现评价主体多元化,才能解决创业教育有效性评价所面临的困境。首先,学生评价特别是对创业学生的评价不仅能激发其参与创业教育相关活动的主动性和自觉意识,促进其创业能力发展,而且能提高创业教育评价的效度与信度;其次,教师作为创业教育主体之一,有权利、有义务对创业教育有效性进行评价,并对自己的教育教学行为进行分析与反思,从而提高创业教育实施过程的有效性,实现创业教育实施效果的良性循环。由此,可建立教育行政管理部门、第三方评价机构、教师、学生、家长共同参与的评价制度,从各个评价主体的需要和视角出发,对学校创业教育给予更多元、更全面的评价和建议。

第二节 提升创业教育有效性的建议

一、发挥创业教育实践平台的作用[①]

本部分基于"挑战杯"中国大学生创业计划竞赛[②](简称"挑战杯"创业竞赛)这一重要实践平台,对如何发挥创业竞赛在大学生创业教育中的有效作用进行阐述。

[①] 兰文巧.创业竞赛在大学生创业教育中的作用、困境及对策——基于"挑战杯"中国大学生创业计划竞赛的回顾与思考[J].辽宁大学学报(哲学社会科学版),2021,49(5):170-176.

[②] "挑战杯"中国大学生创业计划竞赛被誉为当代大学生创新创业实践的"奥林匹克"盛会,是由共青团中央、教育部、人力资源和社会保障部、中国科学技术协会、中华全国学生联合会共同举办的一项权威性全国竞赛活动,其核心是促进大学生创新和创业,推动大学生与社会间的交流与合作,锻炼和提高大学生创新水平和创业能力。

大学生创业教育有效性研究

1999年,在"挑战杯"全国大学生科技创新活动基础上,"挑战杯"扩容创办中国大学生创业计划竞赛,竞赛要求参赛团队提出一项具有市场前景的技术(产品或服务),并围绕该技术(产品或服务)完成特定的商业计划以获得风险资本。从2000年开始,"挑战杯"创业竞赛每两年举办一次。经过20余年发展,"挑战杯"创业竞赛成为大学与社会、大学生与企业间互动交流的载体之一,备受媒体、学者、企业家和风险投资家关注。① 目前,"挑战杯"创业竞赛已成为覆盖全国2000余所高校,规模最大、影响力最广泛的大学生创业品牌赛事。从竞赛规模来看,首届参赛高校仅120所,此后逐届增加,第十届已增至2200所;同时,参赛作品数量也呈整体递增趋势。此外,借助风险投资运作、推动大学生创新成果转化方面成效显著,竞赛项目获得风险投资不断增多,到第十届风险投资资金达8.62亿元。随着竞赛的推进和风险投资机构的关注和参与,以及其他外界因素的推动,"挑战杯"创业竞赛吸引了国内高校数百万大学生参与,在全国掀起创业热潮。为了参加省、全国大赛,各高校建立专职组织机构或活动平台,广泛发动和组织学生参加各级"挑战杯"创业竞赛活动,探索构建"以赛代学"等"立交桥"式创业教育体系,突破创业人才培养的格式化模式瓶颈,不断激发学生的创新精神。

随着"挑战杯"创业竞赛的社会成效日趋凸显,一些优秀创业项目获得关注,"'挑战杯'遍地是金子"这一评价得到越来越多风险投资机构认可。每届"挑战杯"创业竞赛均有创业项目与风险投资机构有效对接的典型案例,成为竞赛的主要亮点。在"挑战杯"创业竞赛中,风险投资机构作为连接大学资源和社会资源的桥梁和纽带,发挥了重要作用,有效推动了优秀创业项目的市场转化,同时,学生参与创业竞赛的热情也得到充分调动。② 历届"挑战杯"创业竞赛吸引了近20亿元的风险投资,推动大批参赛项目进入实际运营。

(一)"挑战杯"创业竞赛在大学生创业教育中的作用发挥

1. 强化了大学生创业教育的实践导向

大学生是创新创业的主力军,以创业为特质的企业家精神赋予大学生人生梦想,促进大学生创业是全面深化改革的必然选择。2006年,团中央学校部部长周长奎在总结第五届"挑战杯"创业竞赛经验时指出,团中央、教育部等部门之所以投入很多精力创设"挑战杯"创业竞赛这样的第二课堂,目的就是增强大学生的知识创新能力和社会适应能力。③

近年来,依托"挑战杯"创业竞赛这一载体,各高校在大学生创业工作的理念、模式、举措等方面进行了充分探索与实践,紧扣"虚功实做"这一重要命题,既要求做好引导大学生树立创业意识、激发大学生投身改革实践的创业理想等"虚功",又通过强化创业教育的实践导向,切实将服务大学生创业的工作"实做"。"挑战杯"创业竞赛是全国历史最悠久、参赛规模最广、最负盛名的大学生创业赛事,其赛制和内容也更符合当前大学生创业教育的需求和发展趋势,在促进大学生创业方面"好招"频现。

---

① 丁三青.中国需要真正的创业教育——基于"挑战杯"全国大学生创业计划竞赛的分析[J].高等教育研究,2007(3):87-94.
② 商应美,周冰,刘馨璐,等.大学生创新型人才培养典型载体研究——以"挑战杯"中国大学生创业计划竞赛为例[J].创新与创业教育,2015,6(5):34-38.
③ 叶铁桥,郑燕峰."挑战杯"成功不等于创业成功[N].中国青年报,2006-10-25(02).

2. 促进了大学生创业实践的蓬勃发展

国家创新驱动发展战略的全面实施、高等教育的改革发展、经济增长的提档升级,将大学生创业热潮托举到新的高度,在这一时代背景下,2014年"挑战杯"创业竞赛升级为"创青春"全国大学生创业大赛[①],强调"立足新起点,开拓新阶段",不仅要办高质量的综合型赛事,更要通过大赛打造切实解决青年创业面临的难题与痛点,促进创业竞赛成为各类资源聚集、政策反馈和支撑的平台,如"3+2"的竞赛体系面向不同的大学生群体,每一赛事都有明确的定位和侧重点,力求更充分发挥赛事育人作用,促进大学生创业教育和创业实践活动的蓬勃发展,通过竞赛将优秀创业项目"扶上马,送一程"。[②]

"挑战杯"创业竞赛的改革,一方面促进了赛事的多元化与精细化发展,使其更加适应大学生创业发展的形势需要;另一方面通过电视等媒体展示和推广参赛的创业项目,加强与行业的对接,促进更多的创业项目获取社会资源支持,促进项目孵化。回顾"挑战杯"创业竞赛发展历程发现,其经历了从关注科技创新到科技创新与创新创业并重、从关注商业价值到商业与公益价值并重、从关注创业计划到创业计划与创业实践并重的转变。[③]

(二)"挑战杯"创业竞赛面临的发展困境

自举办以来,"挑战杯"创业竞赛取得了丰硕成果,但随着其发展不断深入,也显现出面临的困境。

1. 组织形式弱化竞赛的实践协同效应

历届"挑战杯"创业竞赛的承办高校均为985院校("双一流"院校)。高等教育发展水平影响创业教育水平,创业教育水平影响创业竞赛举办能力,毫无疑问,985院校在承办全国性创业竞赛方面具有较大优势。但近年来,各大高校均高度重视学生创新创业教育工作,创新创业教育工作成效显著,"挑战杯"创业竞赛作为全国性竞赛活动,可考虑选择由多次入选教育部"全国创新创业典型经验高校"的不同层级高校承办,如此更能体现竞赛主办方的协同性,体现竞赛主办方共同托举大学生创业高度的初衷。

2014年第九届"挑战杯"创业竞赛暨首届"创青春"全国大学生创业大赛增加了MBA专项赛;同年,共青团中央发起"挑战杯——彩虹人生"全国职业学校创新创效创业大赛。目前,有面向研究生群体的"挑战杯"MBA专项赛、面向本科生的"挑战杯"创业竞赛及面向专科生的"挑战杯——彩虹人生"创新创效创业大赛,这些竞赛组织形式虽都属于"挑战杯"系列,且针对不同阶段大学生群体,但实际隶属不同的竞赛平台。高校共青团创业工作的对象是"具有高校学籍的本专科生、全日制研究生;毕业未满三年,在学校创业园区、科技园区等创业的大学毕业生"[④],创业竞赛的起点在创业,创业"不唯学历凭能力",可通过"挑战杯"搭

[①] "创青春"全国大学生创业大赛回顾[N].中国青年报,2014-12-26(02).
[②] 贾雯帆.四川大学锦江学院在2016年"创青春"全国大学生创业大赛复赛中获铜奖[EB/OL].(2016-08-29)[2022-10-31].http://m.haiwainet.cn/middle/3542210/2016/0829/content_30268021-2.html.
[③] 贾宜超.2016年"创青春"全国大学生创业大赛终审决赛开幕[EB/OL].(2016-11-17)[2019-09-15].http://china.huanqiu.com/hot/2016-11/9689495.html.
[④] 共青团中央办公厅.关于高校共青团积极促进大学生创业工作的实施意见[EB/OL].(2015-01-13)[2019-09-15].http://qnzz.youth.cn/gzdt/201501/t20150113_6403884_1.htm.

建共同的展示、检阅和交流平台,允许各级各类大学生参加同一项赛事(而非分别参加三项比赛),通过统一比赛平台,促进研究生、本科生与专科生在创业训练上实现联动互补。

2. 功利化误区稀释竞赛的创业教育功能

每届"挑战杯"创业竞赛均由一所大学与当地政府承办,政府行为的运作机制有利于赛事的组织协调和有效推进,然而,政府主办的特点使赛事通常与政府对大学的评估挂钩,竞赛不仅是学生创业能力的竞争,更是大学实力的较量,竞赛结果直接反映学校的办学实力与创业教育水平,最终对学校招生、毕业生分配等产生影响,导致以提高学生素质为目的的创业竞赛活动变成了各所大学的功利性角逐,使参赛主体为竞赛而竞赛,弱化了竞赛的创业教育功能。

一些高校将竞赛结果与加分、保研挂钩,使得部分大学生参加"挑战杯"创业竞赛的动机具有极强的功利性,为了获奖或取得保研资格而参赛,忽视了参与创业竞赛过程而获得的能力锻炼和经验积累。一些参与者将竞赛作为参加其他评奖活动的踏脚石和增加个人荣誉的敲门砖,其自主创业动机远远低于获奖动机。中国矿业大学丁三青教授的调查显示,87.2%的学生更看重创业体验、保研、奖金这些现实的功利,在此动机下,大学生参与创业计划竞赛是缺乏实际价值的。

3. 跟进不足阻碍竞赛的创业"孵化器"作用

"挑战杯"创业竞赛在创业成果产业化的"孵化器"作用方面有待完全发挥,重视过程忽视结果等根本性问题应引起重视。

一是一些"挑战杯"参赛项目"为了比赛而比赛",这些项目仅停留在竞赛阶段,缺乏实际可操作性与市场认可度。由于缺乏市场"洗礼",很多项目在赛后迅速"夭折",即使进入创业运营阶段,比赛赢得的奖金与积累的经验,对初创项目的启动成长来说也只是杯水车薪。①

二是创业成果未发挥出应有的产业效能。一些创业成果获奖后长期"搁置",甚至完全失效,即使以"自流"方式得到转化,但受转化条件限制,也未能发挥应有的产业效能。② 资本市场发育不良和民间风险投资欠缺导致"挑战杯"创业成果在转化过程中缺乏有效的催化剂,投资银行、融资市场、基金机构等配套设施方面也没有为创业成果产业化创造适宜的外部环境。

三是在手续办理、经营范围、融资渠道等关键问题上,"挑战杯"参赛项目缺乏针对性和具体的优惠政策,其实施和转化缺乏完善的扶持政策。

(三)推进"挑战杯"创业竞赛在大学生创业教育中进一步发挥作用的思考

"挑战杯"创业竞赛是一项具有前瞻性、创新性的比赛,其举办宗旨符合建立创新型国家战略的目标,与大学创业教育的改革目标一致,作为"以赛代学"的典型模式,有必要充分发挥这一赛事在大学生创业教育中的功能价值,突破发展困境,进一步推进其强化创业赛事育人功效。

---

① 骆骁骅,赖晓雯.广东破解"挑战杯"之后的挑战[N].南方日报,2015-11-24(02).
② 刘得扬,赵林.论大学生自主创新与创业的促进因素——从"挑战杯"创业竞赛到"斯坦福硅谷"之路[J].中国地质教育,2006(3):113-116.

1. 弘扬"挑战"文化,实现创业竞赛对创业教育体系的优化作用

创业教育需要良好的文化氛围作支撑,校园文化建设是实施创业教育的枢纽,把创业竞赛文化融入校园文化,可为参赛者将来"走向社会,准备创业"做准备[①],这不仅有助于改善高校校园文化结构,而且有利于优化大学生创业教育体系。

一是促进"挑战"文化在校园文化建设中发挥引领和示范作用。《共青团中央关于进一步做好服务大学生就业创业工作的意见》明确,高校共青团组织要广泛深入地开展"挑战杯"全国大学生课外学术科技作品竞赛和创业计划竞赛,对大学生进行系统的创业教育、指导和训练,促进创业人才不断涌现。[②] 高校要营造校园创业文化氛围,依托自身校风建设和创业教育发展成果,培育企业家精神和提升创业素养。[③] 针对目前"挑战杯"组织方式及功利性误区等问题,在"挑战杯"创业竞赛校级赛制中,可不断丰富大赛形式并拓展衍生活动,挖掘和弘扬"挑战"文化,促进"挑战"文化在校园文化建设中发挥引领和示范作用。注重校园舆论引导,通过举办论坛及知识讲座、开设校刊校报专栏等形式传播创业文化;重视创业实践基础设计,开展沙盘模拟教学,建立开放式创业实验室,使大学生在参与活动的过程中产生创业欲望;加强创业课程系统建设,实现专业学科与创业课程有效衔接,提高大学生对创业的认同感;提高创业教师队伍素质,以言传身教的力量带动大学生学习创业知识和技能。

二是注重创业教育典型的选树与宣传。近年来,团中央学校部、全国学联秘书处、中国青年报社、KAB 全国推广办公室共同开展"寻访年度大学生创业英雄活动",选树了一批通过奋斗实现梦想的创业典型人物,这些年度"创业英雄"回母校进高校,通过创业讲堂、学习交流沙龙等形式,用自己的创业历程和创业精神启发、激励并影响更多大学生投身创业。[④] 鉴于此,可对"挑战杯"创业竞赛中获得高级别奖项特别是持续运营的项目进行宣传,形成辐射效应,通过榜样单一个体凝聚群体的力量,进一步提升校园"挑战"认识,弘扬校园"挑战"文化,积极推动高校创业教育水平及创业活动层次提升。

三是积极鼓励高校教师示范"挑战"文化。"挑战杯"创业竞赛的每一项获奖项目,均要求高校教师指导。倘若只要求大学生创业,而学校和教师行动迟缓,高校便难以营造和形成良好的"挑战"文化氛围。因此,不仅要鼓励"挑战杯"指导教师积极开展创业教育理论和案例研究,还要鼓励教师参与创业实践,将自身的学术技能和科研成果及时转化为市场化商品,从而带动学生创业。

2. 挖掘内在契合性,实现创业教育与思想政治教育功能的结合

思想政治教育是创业教育的内在要求和重要途径,创业教育能切实提高思想政治教育的实效性与针对性,二者具有内在契合性。思想政治教育能引导大学生树立正确的世界观、人生观和价值观,不仅是大学生成才的决定性因素,也是大学生创业成功的必要条件。[⑤] 举

---

① 宫毅敏,林镇国.创业竞赛对提升学生创新创业能力的影响——基于创业竞赛参赛意愿调查问卷的数据挖掘分析[J].中国高校科技,2019(12):57-60.
② 周频."挑战杯"竞赛在高职创新创业教育中的功能[J].中国成人教育,2010(4):67-68.
③ 张天华.英国高校创业教育与价值观的融合对我国创业教育的启示[J].辽宁大学学报(哲学社会科学版),2019,47(5):179-184.
④ 陈璐.寻访大学生创业英雄活动:一道亮丽的风景线[N].中国青年报,2017-04-24(05).
⑤ 张欣,张瑞.基于"挑战杯"平台下的大学生创业教育的理性思考[J].科技信息,2009(12):41.

办"挑战杯"创业竞赛有利于引导大学生摆正心态,克服急功近利或形式主义思想,真正将竞赛所倡导的"培养大学生的创新精神、创业意识和创造能力,获得更多创业的实战经验,以创业促就业"的宗旨付诸实践,培养更多优秀的高素质人才。因此,要利用好"挑战杯"创业竞赛的精神荣誉动力、物质经济动力、升学就业动力等动力机制,放大"挑战杯"创业竞赛的创业意识激发功能。

从本质上讲,"挑战杯"创业竞赛是思想政治教育的具体形式之一,是在就业理念、创新思维、创业品质、理想信念等方面对大学生进行的一种有效教育。参加"挑战杯"创业竞赛的师生表示,"从中体会到了分工协作、团结配合的重要性,体会到创业的酸甜苦辣""很多参赛团队都积极将自身创业与经济社会发展相结合,表现出强烈的社会责任意识"。[①] 作为一种创业教育形式,"挑战杯"创业竞赛能将企业强调的协作意识与思想政治教育强调的集体主义精神有机结合,因此,可在"挑战杯"创业教育的外延上,丰富思想政治教育的基本内容,将社会主义核心价值观有机融入创业教育中。

举办"挑战杯"创业竞赛的根本目的在于引导大学生培养创新能力、实践能力和创业精神,而非催生公司。要基于"挑战杯"创业竞赛这一平台和载体,实现思想政治教育的育人宗旨,对大学生进行渗透和教育,使之自觉学习创业知识,积极提高创业技能,从被动就业转变为主动创业,帮助其产生正确的生存意识和职业向往。

3.聚焦就业创业工作着力点,实现创业竞赛可持续发展

20余年的实践与探索证明,"挑战杯"创业竞赛这一运行模式已建立良好社会声誉,要想不断扩大创业竞赛覆盖面与影响力,实现创业竞赛的科学高效运行和可持续发展,可从以下三方面做出努力。

一是扩大竞赛参与主体的范围,不断创新竞赛方式。如:除大学、教师和学生这些参与主体外,可进一步突出企业行业、社会资本、风险投资机构等的作用,吸引更多社会资源参与到竞赛的项目评选、落地孵化等环节中,使创业竞赛成为一项集教育功能、实践功能和社会功能于一体的大型活动;在原有创业竞赛环节基础上,通过经验介绍、实地考察、讲座培训、创业模拟等形式,扩大竞赛覆盖面,提升竞赛普及程度,形成良好的创业教育与创业实践氛围。

二是加强竞赛项目的跟踪与辅导。创业要看数量,更要看重质量,要推动大学生创新创业从数量扩张的外延式发展向质量提升的内涵式发展转型。[②] 在竞赛运行期间,组建由学者、企业高管、创业者和其他相关人员组成的咨询团队,为参赛学生提供评估创业项目、摸清市场行情、规避运作风险、提高创业成功率等多维智力支持。由此,可深入高校各类创业社团调研大学生创业情况,建立工作站对项目实施全面指导和全程追踪;组建大学生创新创业导师联盟指导大赛项目,提高创业服务的专业性。

三是破解"挑战杯"之后的挑战。如:通过召开优秀作品推介会,创新"挑战杯"创业竞赛校企合作方式,促成参赛项目与企业洽谈交流并签订合作协议,加快推进参赛项目的落地转

---

① 赵秀红.150个创业计划竞逐"挑战杯"[N].中国教育报,2008-11-17(01).
② 于振宇.大学生创新创业看数量更重质量——我省第十二届大学生"挑战杯"大赛背后的故事[N].湖南日报,2017-05-22(01).

化;在完善市场资金自发培育机制的同时,推动设立专项资金,资助培育大学生科技创新团队开展科研实践,孵化种子期大学生初创项目。

二、发挥创业教育课程体系的作用

创业课程是大学生创业教育的核心,澳大利亚高校大多已建成一套包括专业性课程、整合性课程、实践性课程的完善的创业教育课程体系。其中,专业性课程分基础课程、核心课程、专业内选修和专业外选修四大模块;整合性课程是指在专业课程设计中融入创业教育元素,使专业课程变为创业整合课程;实践性课程则通过课堂外多种创业教育实践,使学生获得直观的创业体验,达到提高学生各方面创业能力的目的。在创业课程教学实践中,澳大利亚高校实施了翻转课堂教学并取得良好教学效果,本章借鉴澳大利亚创业课程翻转课堂的先进经验,探索创业课程翻转课堂的本土化行动,分析和反思国内创业课堂教学实践,以有效推进创业课程教学目标的实现。

(一)翻转课堂在创业教育课程中的意义

创业教育被认为是一个特殊的教育案例,其真正的挑战在于"可教性困境",即教授学生成为企业家(知道如何做)要比介绍概念(知道是什么)困难得多。为了传授创业知识,传统的阶梯教室教学面临重大挑战,这种教学模式越来越被取笑为"圣人在舞台上"或"注入式教学法"。而创业课程采用翻转课堂,学生自己利用时间(在线)处理材料,在预定的课堂时间内完成他们的"家庭作业"并开展研讨。[①] 虽然,创业课程的翻转课堂模式强调对教师、学生和课程材料之间的互动进行重新组织,但与行业的互动却有所缺失,因此,翻转课堂要求重新设计创业课程,以在使用翻转课堂技术的同时保持甚至增加与企业家、投资者、导师和其他行业人士的互动。[②]

翻转课堂对教学实践有着明确的启示,在传统翻转课堂中,教师作为"舞台上的贤者"的角色被淡化,更多作为"身边的向导"。这意味着,要使翻转课堂的教学方法更有效,教师需学会放弃对课堂上发生的事情的控制,将注意力转向学生软技能的开发。[③] 但翻转课堂教学法会给教师带来研究和服务上的巨大压力,教师需尽可能高效地利用教学时间,确保课程资料足够全面,并准备课堂练习。因此,在首次进行翻转课堂教学时,教师的准备时间应足够长,随着同一门课程教学次数的增多,最初的准备工作无须重复,教师也无须额外花费大量的时间进行准备。[④] 另外,研究发现,高校创业教育的对象是成人大学生,绝大多数高校学生对创业教育绩效评价仅为较好水平而非满意水平,因此,要紧扣成人大学生特征,紧扣

---

① TADD A, WISNIEWSKI E, LAIWANI L N. Revitalizing the chemical engineering senior design experience: empowerment, entrepreneurship, and a flipped classroom experience[C]//Proceedings of the ASEE Annual Conference & Exposition. Seattle: ASEE, 2015:1-15.

② BLIEMEL M J. Getting entrepreneurship education out of the classroom and into students' heads[J]. Entrepreneurship research journal, 2014,4(2):237-260.

③ HAASE H, LAUTENSCHLAGER A. The teachability dilemma of entrepreneurship[J]. International entrepreneurship and management journal,2011,7(2): 145-162.

④ BLIEMEL M J. Lessons learned from an inside-out flip in entrepreneurship education[J]. Small enterprise research, 2014,21(1):117-128.

智能时代背景,加强创业教育课程体系理论与实践的结合。①

(二)澳大利亚高校创业课程翻转课堂的应用情况

1. 采用多样化教学方法为实施翻转课堂提供支持

澳大利亚高校普遍认为,创业需要批判性思维能力、综合思维能力和风险承受能力等。基于以上思想,多样化的教学方法被应用于澳大利亚高校的创业课程教学中,这为澳大利亚高校创业课程实施翻转课堂提供了基础和土壤。

(1)基于问题的教学法。

基于问题的教学法(problem-based learning,PBL)鼓励学生基于问题情境解决创业可能遇到的难题,如澳大利亚国立大学创新创业课程一直奉行 PBL 教学法,其中 Tech Launcher 课程最开始一环便是社区、政府、企业登录课程网页,发布需要解决的问题。实施十余年来,这一真实性、复杂性、挑战性极强的课程,依托鲜明的问题导向,极大提高了学生分析创业问题和解决创业问题的能力。②

通常,澳大利亚高校采用课堂讲授和分组讨论形式组织创业课程教学,在讲授创业基础理论时,强调通过寻找多种答案来解决创业面临的实践问题。以涉农专业课程为例,澳大利亚农业课程首先教授农业创业理论,包括:①可行性,商业化和知识产权问题;②家族企业;③粮食安全;④价值链管理;⑤创业和社区资本发展。在此基础上,学生可应用创业理论了解农业企业业绩,发现和解决农场和农业经营中存在的问题。③

(2)基于工作的教学法。

基于工作的教学法(work-based learning,WBL)是澳大利亚高校长期实践的一种教学方法,包括独立学习、体验学习、"三明治"课程(课堂教学与工作实践相结合的课程)、工作一体化学习和实习等。对创业课程教学而言,基于工作的教学法要求创业教师在课堂教学中以创业课程理论为依据,有目的地创设创业教学情境,引导学生感知和体会创业过程,强调教师为学生提供创业课程和创业项目,鼓励学生组建创业团队。学生创业团队依托学校启动资金和孵化器支持,组建模拟公司或实际公司,围绕公司运营实际或可能遇到的实际问题开展创业实践。④

(3)基于案例的教学法。

澳大利亚高校以结合区域经济发展现状的启发式案例教学为导向,在创业课程教学中,采用基于案例的教学法(case-based learning,CBL),向学生介绍大量真实的成功创业案例,并针对案例中出现的问题,引导学生分析产品市场、设计创业方案、评估市场潜力,激发学生

---

① 陈立建,黄美初.成人高校创业教育绩效评价及影响因素研究——兼论智能时代创业教育体系的构建[J].远程教育杂志,2019,37(2):90-101.
② 罗亮.澳大利亚大学生创新创业教育研究[J].学校党建与思想教育,2018(3):93-96.
③ MEHLHORN J,BONNEY L B,FRASER N,et al. Benchmarking entrepreneurship education in U.S., Australian,and New Zealand university agriculture programs[J]. Journal of developmental entrepreneurship. 2015,20(3):1-13.
④ 同②。

创业动机。① 基于案例的教学法不仅通过大量真实的创业案例激发学生创业热情,而且促使学生对企业创办流程和具体运作方式有更深入的体会和理解。如:就设计类专业创业教育而言,澳大利亚高校通过案例和指导性讨论帮助学生形成实践创业思维,培养学生的"有效企业家精神";通过一个简短的案例来说明创业过程,培养学生"调查、理解、评估和探索市场机会"的能力;此外,还邀请企业设计师到课堂上讲述他们曾遇到的问题和解决问题的方法,以此作为"案例研究",有效解答学生关于设计行业创业"为什么"的问题。②

2. 翻转课堂在澳大利亚的具体应用:新南威尔士大学创业课程案例

在创业课程的翻转课堂教学中,澳大利亚新南威尔士大学管理学院 Bliemel M. 教授遵循 Bergmann 和 Sams 提出的原则,做了常规翻转(conventional flip)设计(图 7-1),在常规翻转环节,Bliemel M. 教授没有制作自己的教学视频,而是选择认为最适合这门课的公开视频(在创业领域,经常有代表最新概念的访谈或案例研究视频,如斯坦福大学的 eCorner 拥有定期更新且令人印象深刻的完整转录视频库)引导学生学习。除了视频,Bliemel M. 教授还提供一些简短的阅读材料,在课程开始前发布到网上,让学生按照自己的速度进行阅读,同时向学生说明哪些材料是必读的,哪些是推荐阅读的。③

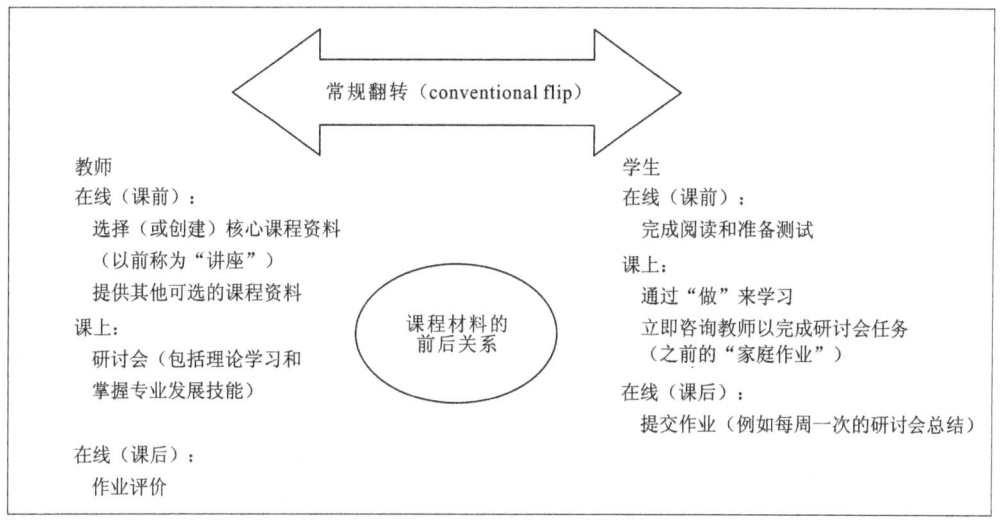

图 7-1 创业课程的常规翻转

---

① 牛金成,陆静. 发达国家的创业教育及其启示——基于美、英、德、澳大利亚四国的比较[J]. 黑龙江高教研究,2013,31(1):46-49.

② GARBUIO M,DONG A,LIN N,et al. Demystifying the genius of entrepreneurship: How design cognition can help create the next generation of entrepreneurs[J]. Academy of management learning & education,2018,17(1):41-61.

③ GALINDO I. Flip your classroom: reach every student in every class every day[J]. Teaching Theology & Religion,2014,17(1):82-83.

除常规翻转外,Bliemel M.教授还实施了内外翻转(inside-out flip)(图7-2),即把行业嘉宾带到课堂上,让学生通过与行业嘉宾互动完成部分作业。与常规翻转课堂相比,与行业嘉宾的互动为学生提供了更现实的体验式学习机会,学生从间接融入企业家经历变成了直接融入。创业课程内外翻转课堂包括两部分:一是间接经验习得,学生通过企业家的演讲获得创业经验,这些演讲可预先录制视频并在线上进行,也可在课堂上现场进行,以便在演讲过程中或演讲结束后开展更多互动讨论;二是虚拟体验,要求学生在课堂上向现场评审小组展示他们的(虚拟)商业理念,评审小组向学生提供反馈。这些经验是虚拟的,因为创业项目的业务开发主要是一种学术实践。评审小组的反馈通常是评估每组学生学习成绩的基础。

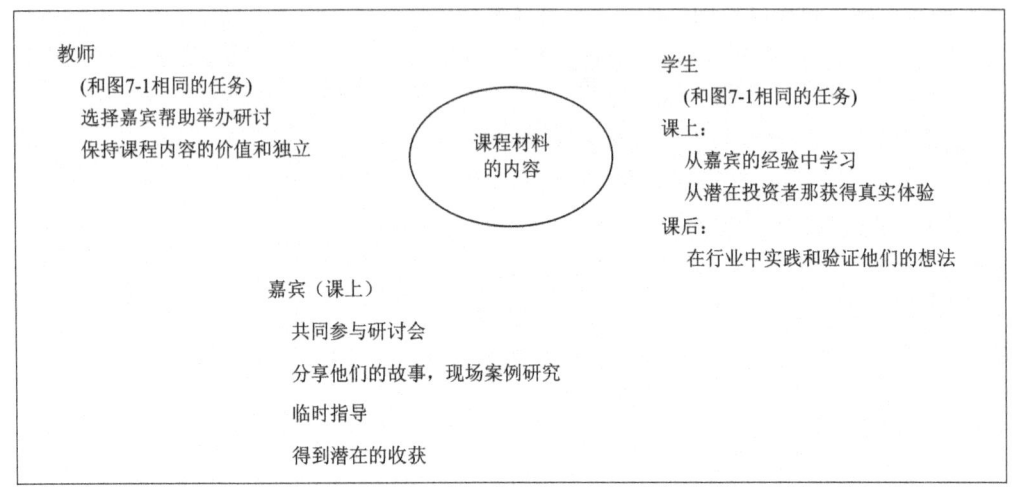

图7-2 创业课程的内外翻转

常规翻转和内外翻转两种方式相辅相成,常规翻转在课堂内提供更高质量的反馈,而内外翻转在课堂外提供更高质量的反馈,创业课程教师可以将更多注意力集中在向学生提供关于课程项目的高质量反馈上。

3.提升教师技能为实施翻转课堂提供有效保障

澳大利亚创业教育教师分专任和兼职两类,专任创业教师需具有学位、相关证书及3年以上创业实践经验,兼职创业教师经学校培训并获得相关培训证书后方可上岗。澳大利亚高校十分重视创业教育教师培训,要求教师定期去新创企业实践,加强与企业家的交流,提升自身专业化水平。[①] 为提高创业教师质量,澳大利亚斯文本科技大学自1990年来开展"斯文本学院研究员项目",邀请创业成功人士到校任全职或兼职教师,并对这些创业人士进行教学技能培训,同时,斯文本科技大学为教师提供网络培训及出国留学进修机会,与美国百森商学院合作,实施创业教育教师交换协议,提高了创业教师的教学技能和授课质量,开发了年轻教师的教学技能并提高了教学效果。[②] 此外,斯文本科技大学还为全校教师提供各种培训和参会机会,目的是通过对教育理论的反思和探索来加强教师的教学技能。

---

① 张天华.美国、澳大利亚创业教育对中国的启示[J].沈阳师范大学学报(社会科学版),2013,37(3):73-75.
② 柯政彦,何宇娟.澳大利亚斯文本科技大学研究生创业教育研究[J].世界教育信息,2012,25(19):35-37,50.

(三)实施创业课程翻转课堂的启示

1.教师信息技术应用能力是实施创业课程翻转课堂的推动力

翻转课堂的实施前提是学生通过观看相关视频完成课前自主学习,这一环节使教学视频设计和制作成为实施翻转课堂的重要内容,教师需提前上传相关课程视频,以便学生在课余时间浏览查看。因此,教学视频质量的高低,直接关系翻转课堂教学效果的好坏,这就要求教师具备一定程度的信息技术应用能力。相关调查数据显示,当教师使用他人设计的视频时,学生积极参与率仅为40%~60%;而当教师使用自己设计和制作的视频时,学生积极参与率达100%。可见,学生更喜欢自己老师设计和制作的视频而非他人设计和制作的视频。深入研究发现,教师自行设计和制作教学视频,某种程度上增加了教师与学生间的信任和互动。

因此,翻转课堂要求教师具有自行设计与编辑课堂教学所需视频和材料的信息技术应用能力,教师所设计和制作的教学视频要在内容表述上做到主题鲜明、简洁生动,在构图上做到布局合理,在声音上做到音质清晰,并适当添加互动和幽默元素,从而达到提高学生自学兴趣的效果。此外,在翻转课堂的教学实践过程中,教师要不断总结,如反思视频重难点是否突出、学生观看兴趣是否浓厚等,从而真正实现教学视频和课堂教学的有效融合。

2.课堂教学形式是实施创业课程翻转课堂的土壤

持续的创业热情和强烈的创新精神来自高校对创业教育的高度重视及创新精神在课堂教学中的充分渗透,而国内高校创业教育大多停留在创新创业的实践活动层面,缺乏系统化的创业教学体系,创业课程的教学研究也较为薄弱。创业可教,但教学方法不一定是教室讲授模式,创业课程需改革教学方法、调整教学内容,更加强调创业思维训练的重要性,并设计大量有理论支撑的体验式练习。因此,高校应基于自身学术优势和学科领域,设计出富有特色的创业课程体系,并加强创业课程教学模式改革与创新,为不同学科学生提供有针对性的创业课程;依托本校科研成果、实习实训中心、产学研合作机构等,鼓励教师探索创业教育与专业课程充分融合的方法,设计出符合本专业特征的创业课程;采取多样化的教学方法,如基于问题的教学法、基于工作的教学法、基于案例的教学法等,为实施创业课程翻转课堂提供条件和土壤。

3.在线媒介是扩展创业课程翻转课堂实施途径的有效载体

创业课程的特殊性要求学生获得更多身临其境的创业体验,如在新企业实习或其他形式的创业学习,如果基于MOOC等在线媒介对翻转课堂进行重新设计,这种体验会变得更加真实。传统翻转课堂的不足表现在:单纯提供企业家的演讲材料,失去问答环节的互动;课堂研讨环节有可能重新变成家庭作业,无法立即帮助有问题的学生。而基于MOOC等在线媒介的翻转课堂可被在线谈话取代,实现创业教学中学生与创业教师或企业家的互动。

另外,基于MOOC等在线媒介的翻转课堂可为创业课程提供游戏化的扩展和创新,通过游戏式的课程任务,建立游戏排行榜,课程中的协作团队可以赢得徽章或团队奖励,使课程学习变成一种游戏挑战,这有利于引导学生积极参与创业课程的学习,做到张弛有度,使学生保持对课程学习的新鲜感和好奇感。

三、发挥创业教育师资队伍的作用

从本书各部分研究中可见师资队伍在大学生创业能力培养中的作用,高校有待打造一支高质量的创业教育师资队伍并发挥其作用,从而提高创业教育的有效性。具体可从以下几个方面入手。

(一)培养创业教育教师的创业能力

创业是一个实践性较强的学科领域,教师只有具备机会相关能力等创业能力,才能有效指导学生创业,否则,教师难以在教授创业知识的过程中在学生面前树立威信。教师是学生创业能力的培养者,培养创业教育教师的创业能力,才能对学生形成直接的教育结果和耳濡目染的熏陶效果,然而,大部分高校创业教育师资队伍中专任教师数量少,兼职教师居多[1],有研究者曾一针见血指出,"创业教育只是一群最为保守的教师在教授学生创新创业"[2]。有实践能力、创业能力的教师拥有企业见习、参与创业或创办企业的亲身体验,能保持与企业的积极联系,为学生提供模拟创业实践的机会,从而有效培养学生从经验中学习的能力和对创业问题的分析与判断能力,激活学生的创新与创业思维。

因此,一方面要鼓励教师到企业实践或为教师创业营造宽松氛围,为教师提升自身创业能力提供土壤。另一方面要加强创业教育师资队伍培训,如:哈佛大学商学院与欧洲创业研究基金会合作,组建以参与者为中心的欧洲创业教育培训项目,培训来自欧洲25个国家的创业教育师资队伍;百森商学院每年向上千万名培训者传授创业理论和实践经验,其创业师资培训模式在巴西、智利、马来西亚、墨西哥、波多黎各等国家的创业教育机构中得到推广[3]。再者,也可在保证创业教育专任教师数量充足的前提下,引入第三方力量,推行校企"双导师"人才培养模式[4],邀请来自政府部门、事业单位、国有企业和上市公司的有实践经验又有一定理论知识的人士讲授创业教育课程,实现不同学科背景创业师资的融合。

创业是一个实践性较强的综合学科的研究领域,因此,要培养专任教师的课程创业教育理念,鼓励专任教师根据教学需求和自身水平挖掘课程所蕴含的创业元素和所承载的创业教育功能。

(二)建立创业教育师资的分级管理机制

师资队伍培养是一个长期的过程,需要高校进行创业教育师资队伍的长期性安排与设计,实施创业教育师资保障工程。根据教师专业发展阶段理论,创业教育教师可以分新手阶段教师(以有着企业或战略管理理论背景的教师或从事辅导员、就业指导、团委等工作的教师等为代表)、熟练阶段教师(以省级创业型人才等为代表)、精通阶段教师(以国家级创业型

---

[1] 中国大学生就业创业发展报告课题组. 创新创业教育:多少瓶颈待突破[N]. 光明日报,2016-02-04(15).

[2] KURATKO D F. The emergence of entrepreneurship education: Development, trends, and challenges[J]. Entrepreneurship theory and practice,2005,29(5):577-598.

[3] 徐小洲,倪好,吴静超. 创业教育国际发展趋势与我国创业教育观念转型[J]. 中国高教研究,2017(4):92-97.

[4] 安美忱. 高校创新创业教育"立体化"新模式研究[J]. 黑龙江高教研究,2020,38(10):108-113.

人才等为代表)。① 针对目前熟练阶段和精通阶段创业教育师资欠缺的现状,高校可对创业教育师资进行分级管理,从而实现创业教育教师能力的分级培养。

一方面,建立创业教育学生与教师匹配机制。如前所述,学校在开展创业教育过程中,有必要设计一套科学的创业人才素质测评方法,对学生创业经验、创业素质或创业能力进行摸底,根据学生创业经验、创业意愿及创业能力基础的不同匹配不同级别的教师,在一定程度上缓解创业教育师资质量不均衡的问题。

另一方面,建立学校创业教育内容与教师匹配机制。可先对创业教育内容进行分级,根据内容分别匹配新手阶段、熟练阶段、精通阶段的教师进行授课。如德国慕尼黑工业大学创业俱乐部项目 StarTUM 把整个创业过程所需要的知识分为七个模块,每个模块由高到低对应创业的不同阶段。可借鉴慕尼黑工业大学创业教育模块思想,根据不同阶段不同的创业教育内容匹配不同级别的创业教育教师(表7-1)。

表7-1　　　　　　　　　　　　创业教育模块及教师匹配

模块	阶段	教育内容	教师匹配
S	认知(sense)	除了成为雇员,我还能做什么?	新手阶段
T	接触(touch)	我愿意过创业者的生活吗?我能接触到真正的企业家吗?	新手阶段
A	评估(assess)	我想创业吗?有多想?	新手阶段
R	鉴别(recognize)	成为创业者需要做什么?我如何识别机会、收集一切所需信息?	熟练阶段
T	实践(take-off)	我如何开始创立我的企业?	熟练阶段
U	理解(understand)	我怎样才能更了解创业理论?	精通阶段
M	更进一步(more)	通过尖端研究如何推进创业更进一步?	精通阶段

注:本表格根据相关文献整理而成,有改进。参考文献:何郁冰,周子琰.慕尼黑工业大学创业教育生态系统建设及启示[J].科学学与科学技术管理,2015,36(10):41-49.

(三)开阔创业教育教师的教育有效性视野

教育目标是创业教育有效性评价的精神内核,也是创业教育有效性评价的最高准则,所有细化的评价标准的最高价值假设都来源于教育目标。教师对创业教育目标的认知表现为教师对学生创业知识、创业能力发展的要求,借鉴美国教育心理学家布鲁姆关于教育目标认知的分类理论,本书认为,如果创业教育教师对创业教育培养目标的理解处于"知识、领会、运用、分析、综合、评价"的不同层级,教师的教育教学行为就会有所差别,进而导致教育教学效果的差别,最终产生创业教育有效性上的差别。具体分析如下:

(1)处于"知识"层级创业教育目标的教师,其在创业教学或创业人才培养上,只要求学生达到能回忆与再认先前所教授过的创业实施信息这一学习目标即可。

(2)处于"领会"层级创业教育目标的教师,要求学生能解释与阐述创业知识的概念与原理,而不是根据记忆进行背诵。

---

① 黄扬杰,黄蕾蕾,李立国.高校创业教育教师的创业能力:内涵、特征与提升机制[J].教育研究,2017,38(2):73-79,89.

(3)处于"运用"层级创业教育目标的教师,要求学生能将所学内容运用于新的具体情境,如将市场营销中关于市场占有率的概念用于解释某一行业市场。

(4)处于"分析"层级创业教育目标的教师,要求学生能将所学内容分解成不同部分,并指出它们之间的联系,如指出三种不同市场占有率的营销策划方案的共同之处。

(5)处于"综合"层级创业教育目标的教师,要求学生能创建新的知识结构,能将各个部分或元素整合成一个新的整体,如在分析原有方案的基础上形成新的营销策划方案。

(6)处于"评价"层级创业教育目标的教师,要求学生能依据内在、外在标准对所学内容进行价值判断,其行为特点是对他人的工作、结论以及得出结论的方法进行比较,并在价值判断的基础上进行评论、批判等。

创业教育教师对创业教育有效性的认知,影响其对教育目标的认知,进而影响其对学生创业学习掌握情况的要求,最终影响创业教育的教学效果。因此,学校在确定创业人才培养目标时,要对创业教育目标进行系统规范、具体清晰的阐释,将培养学生可持续创业能力作为确立人才培养目标的出发点和根本依据,并在创业教育师资队伍中进行宣传解释,从而提升教师对创业教育目标的认知水平,开阔教师对创业教育有效性的认知视野。

第三节 研究的创新

一、从受教育者视角评价创业教育有效性

从受教育者视角评价创业教育的有效性,改善了创业教育有效性评价中偏重知识传递和接受而对学生能力、情感、个性等方面培养效果有所忽略的情况,将评价标准更多由"以教论教"变成"以学论教"。从教与学的互动关系来看,从受教育者视角审查创业教育的有效性,再去评价和调整创业教育实施过程,更能实现创业教育价值取向与学生创业能力发展的有效融合。

从受教育者视角看,个体能力由显性能力和隐性能力构成。相对而言,显性能力易于观察,可通过后天不断学习积累形成与改变;隐性能力不易被观察到,甚至与生俱来,较难通过后天学习或培训改变。由此,通过对"大学生创业英雄"进行追踪研究,从受教育者视角挖掘创业教育对大学生创业能力的影响机理及大学生创业能力的养成路径发现:隐性创业能力并非先天固有、难以改变的,而是可教可学的,但需注意的是,并非所有隐性创业能力都可教可学;创业教育中的政策机制对学生显性创业能力和隐性创业能力均产生了影响;在创业能力的所有维度中,创业动机受创业教育要素的影响最显著。这一视角的研究明晰了创业教育各要素对二元创业能力不同维度创业能力的内在影响机理,优化了理论架构,丰富了教育意涵,为高校正确识别大学生创业能力的关键影响因素、有效实施创业教育模式改革提供了参考依据和对策建议。

二、从企业成长视角观察大学生创业能力

大学生创业者与一般创业者在创业初始条件等方面存在明显不同,且受自身特质影响,其创业成长过程更复杂。对企业处于不同发展阶段的体育大学生创业领导力进行考察,观

测大学生的创业成长路径及其表现出来的特征,更有助于了解大学生的创业认知、知识结构、能力素质、创业行为是否适应社会经济领域对创业成长的要求,从而促进创业教育更有效地开展。

从企业成长视角观察,大学生创业体现出的特征是:创业者的自我觉察能力随创业企业成长而提升;创业领导力五项能力对创业企业成长并非完全必需,但不管企业处于哪一阶段,创业者均需具备创业领导力中的建立关系能力和掌握企业经营基本原理能力。由于企业在发展各阶段的重心不同,大学生创业者面临的困境也不同,初创期主要面临市场开发、社会经验与社会支持困境,存活期主要面临团队合作、人才资源与财务资源困境,而成长期则主要面临企业转型、投资信任与合作信任困境。从企业成长视角了解大学生的创业成长路径,有利于高校采取有效的创业教育方式来促进大学生的创业认知、知识结构、能力素质、创业行为适应社会经济领域对创业成长的要求,从而增强大学生的创业信心和创业能力。

第四节 研究的不足

本研究开展大量调查工作,获得丰富的"大学生创业英雄"一手资料,对资料的质性分析也较全面,有了一些新的发现,如:以往学者对大学生创业能力进行考察论证时,并没有清晰界定创业领导力与创业能力的边界。实际在创业过程中,创业领导力和创业能力各方面的能力往往是相互交错、融会贯通的;再者,从能力发展角度评价,创业教育各个方面并不是完全有效的,换言之,学校所做的创业教育工作有的能显著提高学生的创业能力,而有的则收效甚微。尽管有一些惊奇的发现,但本研究在数据挖掘和数据梳理上仍有提升的空间,还可以进一步挖掘出庞大数据背后隐藏的更深层次信息,换言之,本研究收集到的数据还可以发挥更大作用,只是受研究者的研究能力和研究视野所限,这些庞大的数据还没有被充分利用,因此在研究上有些意犹未尽。

第五节 研究展望

在当前创业经济发展和创业教育繁荣的背景下,创业教育有效性研究是一个很有意义的选题。研究也发现,创业教育对不同大学生的影响程度是不一样的,由此,本书提出要设计一套科学的测评方法对大学生创业经验、创业素质或创业能力进行摸底,以因材施教开展创业教育教学。既然是因材施教,那从"材"的角度看,会不会存在学校愿意教而学生不愿意学,或觉得学了也没有什么用的"剃头担子一头热"的情况?所以,未来创业教育研究可从认知心理学内隐理论角度出发,研究学生的能力实体观和能力增长观,从而了解学生对自身创业胜任力和创业能力的内在认识,为高校有的放矢开展创业教育提供一种全新视野。

参 考 文 献

[1] 殷.案例研究:设计与方法[M].周海涛,李永贤,李虔,译.4版.重庆:重庆大学出版社,2010.

[2] 韦伯.内容分析法导论[M].李明,译.2版.北京:格致出版社,2019.

[3] 科特勒,阿姆斯特朗.市场营销:原理与实践[M].楼尊,译.16版.北京:中国人民大学出版社,2015.

[4] 利多.创业领导力[M].龚阿玲,译.北京:中国人民大学出版社,2017.

[5] 拉姆齐.创业领导力[M].高艳东,译.北京:科学出版社,2012.

[6] 斯格特.组织理论[M].黄洋,译.4版.北京:华夏出版社,2002.

[7] 埃尔基莱.创业教育:美国、英国和芬兰的论争[M].汪溢,常飒飒,译.北京:商务印书馆,2017.

[8] 崔军.创业能力国外研究进展及其对高校创业教育的启示[J].高校教育管理,2017,11(5):53-61.

[9] 陈高生,孙国辉.新世纪的国家竞争锐器:高校创业教育[M].北京:经济日报出版社,2012.

[10] 祝成林,柳小芳,张宝臣.高职院校创业教育教学有效性:来自温州地区的实证研究[J].职教论坛,2015(2):23-27.

[11] 诸彦含.社会科学研究方法[M].重庆:西南师范大学出版社,2016.

[12] 朱秀梅,刘月,李柯,等.创业学习到创业能力:基于主体和过程视角的研究[J].外国经济与管理,2019,41(2):30-43.

[13] 朱吉庆.中国国际新创企业成长研究[M].上海:复旦大学出版社,2010.

[14] 周宗奎.儿童心理与教育实用百科[M].武汉:湖北少年儿童出版社,2003.

[15] 周频."挑战杯"竞赛在高职创新创业教育中的功能[J].中国成人教育,2010(4):67-68.

[16] 周光礼.从就业能力到创业能力:大学课程的挑战与应对[J].清华大学教育研究,2018,39(6):28-36.

[17] 中国大学生就业创业发展报告课题组.创新创业教育:多少瓶颈待突破[N].光明日报,2016-02-04(15).

[18] 中正大学教育学研究所.质的研究方法[M].台北:台湾丽文文化事业股份有限公司,2003.

[19] 赵秀红.150个创业计划竞逐"挑战杯"[N].中国教育报,2008-11-17(01).

[20] 赵培培.江西省高校大学生创业领导力提升研究[D].南昌:南昌大学,2018.

[21] 张玉利,王晓文.先前经验、学习风格与创业能力的实证研究[J].管理科学,2011,24(3):1-12.

[22] 张序.企业家概念及其相关问题辨析[J].社会科学研究,2005(1):122-127.

[23] 张欣,张瑞.基于"挑战杯"平台下的大学生创业教育的理性思考[J].科技信息,2009(12):41.

[24] 张天华.英国高校创业教育与价值观的融合对我国创业教育的启示[J].辽宁大学学报(哲学社会科学版),2019,47(5):179-184.

[25] 张天华.美国、澳大利亚创业教育对中国的启示[J].沈阳师范大学学报(社会科学版),2013,37(3):73-75.

[26] 张来武.六次产业理论与创新创业教育[J].中国软科学,2018(6):1-4.

[27] 张红专.高职院校学生创业教育研究[M].长沙:国防科技大学出版社,2008.

[28] 恽安平.基于资源要素的创新创业教育体系构建——以南京师范大学为例[J].中国高校科技,2018(9):88-89.

[29] 靳玉军,周琪.思想政治教育学原理[M].重庆:西南师范大学出版社,2015.

[30] 余建英,何旭宏.数据统计分析与SPSS应用[M].北京:人民邮电出版社,2003.

[31] 于振宇.大学生创新创业看数量更重质量——我省第十二届大学生"挑战杯"大赛背后的故事[N].湖南日报,2017-05-22(01).

[32] 尹苗苗,孙亚,费宇鹏.民营风险投资对新企业创业能力的影响机制[J].管理学报,2020,17(4):544-550.

[33] 尹苗苗,孙鹤,马艳丽.新企业创业能力的跨层面转化机制研究——基于高科技行业的案例分析[J].外国经济与管理,2018,40(10):17-30.

[34] 尹苗苗,费宇鹏.创业能力实证研究现状评析与未来展望[J].外国经济与管理,2013,35(10):22-30.

[35] 易红郡,曾令琴.近十年教育国际化研究综述——基于2010~2019年CNKI与WOS期刊文献的定量分析[J].比较教育研究,2020,42(5):44-52.

[36] "创青春"全国大学生创业大赛回顾[N].中国青年报,2014-12-26(02).

[37] 叶信治.能力的知识观与提高知识教学发展能力的有效性[J].教育理论与实践,2017,37(10):56-60.

[38] 叶铁桥,郑燕峰."挑战杯"成功不等于创业成功[N].中国青年报,2006-10-25(02).

[39] 叶桂平.澳门城市研究[M].北京:社会科学文献出版社,2018.

[40] 姚圣梅.大学生创业核心竞争力的培养与提升[J].思想理论教育导刊,2010(7):114-117.

[41] 杨燕群.创业教育视角下大学生社会责任感培养路径探索[J].学校党建与思想教育,2016(22):57-59.

[42] 杨静,王重鸣.女性创业型领导:多维度结构与多水平影响效应[J].管理世界,2013(9):102-115,117,187-188.

[43] 杨道建,赵喜仓,陈文娟,等.大学生创业能力结构的理论分析与实证检验[J].科技进步与对策,2014,31(20):151-155.

[44] 许甲子,马赈辕.多元化体验经营在实体书店中的实践探索——以诚品书店为例[J].出版广角,2019(4):62-64.

[45] 徐小洲.中国创业教育研究的特征和趋势——基于2009—2018年研究成果的计量可视化分析[J].中国高教研究,2019(3):52-60.

[46] 徐小洲,胡瑞.英国高校创业教育新政策述评[J].比较教育研究,2010,32(7):67-71.

[47] 徐小洲,梅伟惠,韩冠爽.论我国高校创业教育高质量发展的十大关系[J].高等工程教育研究,2021(1):155-161.

[48] 徐小洲,倪好,吴静超.创业教育国际发展趋势与我国创业教育观念转型[J].中国高教研究,2017(4):92-97.

[49] 徐红.教育科学研究方法[M].武汉:华中科技大学出版社,2013.

[50] 徐贵权.论价值取向[J].南京师大学报(社会科学版),1998(4):45-50.

[51] 谢宇.社会学方法与定量研究[M].北京:社会科学文献出版社,2012.

[52] 肖龙."好导师"的角色类型与师德特征——基于江苏省"十佳导师"候选人事迹的文本分析[J].学位与研究生教育,2019(4):21-26.

[53] 吴世友.如何运用ATLAS.ti分析定性数据和发掘研究主题[J].社会工作,2017(6):23-40,111.

[54] 吴明隆.问卷统计分析实务:SPSS操作与应用[M].重庆:重庆大学出版社,2010.

[55] 吴金秋.创业教育的目标与功能[J].黑龙江高教研究,2004(11):99-101.

[56] 吴红耘,皮连生.心理学中的能力、知识和技能概念的演变及其教学含义[J].课程·教材·教法,2011,31(11):108-112.

[57] 吴国来,张丽华.学习理论的进展学[M].天津:天津科学技术出版社,2008.

[58] 邬小撑,吕成祯.论高水平大学创业教育的三个转变[J].复旦教育论坛,2015,13(2):44-48.

[59] 文军,蒋逸民.质性研究概论[M].北京:北京大学出版社,2010.

[60] 韦雪艳,王重鸣.民营企业家创业压力源的结构及验证性因素分析[J].软科学,2009,23(3):116-118.

[61] 王占仁.中国创新创业教育史[M].北京:社会科学文献出版社,2016.

[62] 王占仁,刘志,刘海滨,等.创新创业教育评价的现状、问题与趋势[J].思想理论教育,2016(8):89-94,103.

[63] 王云峰.领导力理论溯源及创业领导研究方向[J].技术经济,2008(6):21-26,49.

[64] 王扬眉.家族企业继承人创业成长金字塔模型——基于个人意义构建视角的多案例研究[J].管理世界,2019,35(2):168-184,200.

[65] 王雁,张竹,李承霞.中国高校开展创新创业教育的关键要素与基本模式[J].中

国高等教育,2019(17):44-46.

[66] 王石番.传播内容分析法:理论与实证[M].台北:幼狮文化专业公司,1989.

[67] 王秋萍.基于共青团视角下创业教育的有效性与对策[J].江西青年职业学院学报,2014,24(12):9-11.

[68] 王晴.教育有效性的判断标准初探[J].教育研究与实验,2011(2):51-54.

[69] 王平.高校开展创业教育的首要任务:提升大学生社会责任感[J].高等农业教育,2014(3):101-104.

[70] 王辉.大学生创业教育有效性研究[D].重庆:西南大学,2012.

[71] 王晖.科学化认知视角下的学生思想政治教育[M].成都:电子科技大学出版社,2017.

[72] 王朝辉,陈洁光,黄霆,等.企业创建自主品牌关键影响因素动态演化的实地研究——基于广州12家企业个案现场访谈数据的质性分析[J].管理世界,2013(6):111-127.

[73] 团中央学校部,全国学联秘书处,中国青年报社,等.弄潮儿向涛头立:寻访2015年大学生创业英雄活动百强事迹选编[M].北京:清华大学出版社,2016.

[74] 同婉婷,范新灿.创业领导力提升与团队组建[M].北京:机械工业出版社,2021.

[75] 田建国.大学教育沉思录[M].济南:山东教育出版社,2010.

[76] 覃玉荣.职业规划能力提升与就业指导[M].成都:电子科技大学出版社,2013.

[77] 孙洪义,梁波,卢彩彤.大学生通识型创业教育有效性的理论模型和实证研究[J].清华大学教育研究,2017,38(5):118-124.

[78] 舒福灵,赖艳,景玲,等.高校创业教育评价体系探究[J].教育探索,2012(1):75-76.

[79] 石盛林,贾创雄.战略管理:实践、理论与方法——以企业生命周期为主线[M].南京:东南大学出版社,2009.

[80] 沈壮海.思想政治教育有效性研究[M].2版.武汉:武汉大学出版社,2008.

[81] 沈陆娟.美国社区学院创业教育实践路径研究[J].高教探索,2016(1):57-63.

[82] 沈超红,谭平.国外创业教育效果评价的有效性分析[J].创新与创业教育,2010(2):3-7.

[83] 商应美,周冰,刘馨璐,等.大学生创新型人才培养典型载体研究——以"挑战杯"中国大学生创业计划竞赛为例[J].创新与创业教育,2015,6(5):34-38.

[84] 牛金成,陆静.发达国家的创业教育及其启示——基于美、英、德、澳大利亚四国的比较[J].黑龙江高教研究,2013,31(1):46-49.

[85] 泥安儒,林聚任.社会调查研究方法纲要[M].济南:山东人民出版社,2012.

[86] 孟宪军,李新华,王霄.基于创业行为理论的大学生创业教育要素研究[J].黑龙江高教研究,2018,36(5):125-129.

[87] 李美俊.基于成功智力理论的大学生创业教育模式[J].江苏高教,2010(3):103-105.

[88] 梅伟惠.高校创业教育评价的类型与影响因素[J].教育发展研究.2011,31(3):45-49.

[89] 马志强,李钊,李国昊,等.高校创业服务价值对大学生创业能力的影响——基于大学生创业动机的调节作用[J].预测,2016,35(4):42-49.

[90] 马晓丹,张春莉.两种教育目标分类系统的比较研究及其启示[J].教育研究与实验,2018(2):25-29.

[91] 吕明.大学生创新创业项目负责人企业领导力调查研究[J].常州信息职业技术学院学报,2014,13(5):67-70.

[92] 吕峰,张仁江,云乐鑫.组织原型、创业领导力与科技创业企业成长路径及内在机理研究[J].科学学与科学技术管理,2016,37(6):99-111.

[93] 骆骁骅,赖晓雯.广东破解"挑战杯"之后的挑战[N].南方日报,2015-11-24(02).

[94] 罗贤甲,杨树明.论高校创业教育的有效性[J].思想教育研究,2010(9):55-58.

[95] 罗亮.澳大利亚大学生创新创业教育研究[J].学校党建与思想教育,2018(3):93-96.

[96] 罗良针,余正台.基于CiteSpace的国内积极心理学研究演进路径分析[J].西南民族大学学报(人文社会科学版),2017,38(2):214-220.

[97] 陆益龙.定性社会研究方法[M].北京:商务印书馆,2011.

[98] 鲁喜凤,郭海.机会创新性、资源整合与新企业绩效关系[J].经济管理,2018,40(10):44-57.

[99] 刘喆.尚晓辉:以"渔"活书,公益环保路上写就青春坚守[J].高中生之友,2018(20):12-13.

[100] 刘雪飞.循环经济学[M].北京:中国大地出版社,2009.

[101] 刘铁江,刘怡.营造大学生创业生态环境,提升创业教育有效性[J].生涯发展教育研究,2015,11(12):1-7.

[102] 刘全振.高校创业教育的构成要素及运行机制研究[J].江苏高教,2019(12):72-76.

[103] 刘丽君.知识创业教育导论:理工科研究生创新创业型人才的有效培养模式研究[M].北京:北京理工大学出版社,2010.

[104] 刘海滨.高校创业教育质量管理体系的国际比较研究[J].比较教育研究,2020,42(5):53-62.

[105] 刘得扬,赵林.论大学生自主创新与创业的促进因素——从"挑战杯"创业竞赛到"斯坦福硅谷"之路[J].中国地质教育,2006(3):113-116.

[106] 林嵩.创业学:原理与实践[M].上海:上海财经大学出版社,2008.

[107] 廖雪霏,戴彩云.儿童卫生学学习指导[M].合肥:合肥工业大学出版社,2017.

[108] 李小融,唐安奎.多元化学校教育评价[M].杭州:浙江教育出版社,2009.

[109] 李莎.多维视角下高校学生创业领导力提升研究[J].中国成人教育,2020(3):41-44.

[110] 李琳璐.斯坦福大学的创新创业教育:系统审视与经验启示[J].高教探索,2020(3):56-65.

[111] 李莉丽,龙希利.我国大学生创业教育运行机制研究[M].济南:山东大学出版

社,2009.

[112] 李莉.创业基础实训教程[M].北京:北京理工大学出版社,2015.

[113] 李凯,周建立.大学生创业能力素质现状及对策思考——基于958例在深创业者的实证调研[J].中国大学生就业,2018(24):34-41.

[114] 兰文巧.服务营销组合对民办高校品牌资产的影响研究——基于服务利润链视角[D].沈阳:辽宁大学,2012.

[115] 兰文巧."80后""90后"的创业领导力有差别吗——基于创业企业文化建设的问卷调查与访谈[J].领导科学,2020(10):64-67.

[116] 兰文巧.创业竞赛在大学生创业教育中的作用、困境及对策——基于"挑战杯"中国大学生创业计划竞赛的回顾与思考[J].辽宁大学学报(哲学社会科学版),2021,49(5):170-176.

[117] 柯政彦,何宇媚.澳大利亚斯文本科技大学研究生创业教育研究[J].世界教育信息,2012,25(19):35-37,50.

[118] 柯江林,丁群.创业型领导对初创企业员工态度与创新绩效的影响——职场精神力的中介效应与领导-成员交换的调节作用[J].经济与管理研究,2020,41(1):91-103.

[119] 教育大辞典编纂委员会.教育大辞典[M].上海:上海教育出版社,1990.

[120] 贾宜超.2016年"创青春"全国大学生创业大赛终审决赛开幕[EB/OL].(2016-11-17)[2019-09-15].http://china.huanqiu.com/hot/2016-11/9689495.html.

[121] 贾霄燕,柏林,王静,等.高校校园文化建设探索[M].石家庄:河北人民出版社,2015.

[122] 贾雯帆.四川大学锦江学院在2016年"创青春"全国大学生创业大赛复赛中获铜奖[EB/OL].(2016-08-29)[2022-10-31].http://m.haiwainet.cn/middle/3542210/2016/0829/content_30268021_2.html.

[123] 回春茹,单凤儒.大学生管理学[M].北京:中国商业出版社,1993.

[124] 黄兆信,黄扬杰.创新创业教育质量评价探新——来自全国1231所高等学校的实证研究[J].教育研究,2019,40(7):91-101.

[125] 黄扬杰,黄蕾蕾,李立国.高校创业教育教师的创业能力:内涵、特征与提升机制[J].教育研究,2017,38(2):73-79,89.

[126] 黄胜兰.创业型领导对新创企业绩效的作用机理研究[D].合肥:中国科学技术大学,2015.

[127] 胡礼祥.大学生创业导论[M].杭州:浙江人民出版社,2010.

[128] 郭旭桐,云乐鑫,陶润卿,等.制造企业商业模式创新影响机理研究[J].科技创业月刊,2021,34(3):1-8.

[129] 郭文斌,方俊明.关键词共词分析法:高等教育研究的新方法[J].高教探索,2015(9):15-21,26.

[130] 共青团中央办公厅.关于高校共青团积极促进大学生创业工作的实施意见[EB/OL].(2015-01-13)[2019-09-15].http://qnzz.youth.cn/gzdt/201501/t20150113_6403884_1.htm.

[131] 宫毅敏,林镇国.创业竞赛对提升学生创新创业能力的影响——基于创业竞赛参赛意愿调查问卷的数据挖掘分析[J].中国高校科技,2019(12):57-60.

[132] 葛莉,刘则渊.基于CIPP的高校创业教育能力评价指标体系研究[J].东北大学学报(社会科学版),2014,16(4):377-382.

[133] 冯忠良.能力的类化经验说[J].北京师范大学学报,1986(1):27-34.

[134] 冯霞,侯士兵.双创视角下高校创业教育评价指标体系再探[J].学校党建与思想教育,2020(8):69-71.

[135] 樊晶,付明明.论对大学生创业领导力培养和提升的策略[J].怀化学院学报,2011,30(11):97-99.

[136] 樊登.可复制的领导力[M].北京:中信出版集团,2018.

[137] 董中发.基于九要素模型的OFO小黄车商业模式研究[J].现代商贸工业,2019,40(11):78-80.

[138] 董原.基于人才生态学理论的创新创业人才队伍建设:研究综述[J].兰州学刊,2016(4):182-190.

[139] 丁三青.中国需要真正的创业教育——基于"挑战杯"全国大学生创业计划竞赛的分析[J].高等教育研究,2007(3):87-94.

[140] 丁明磊.创业自我效能及其与创业意向关系研究[D].天津:河北工业大学,2008.

[141] 党建宁,王多仁,景恬.基于数字徽章技术的创业教育评价系统设计[J].电化教育研究,2020,41(9):75-80,101.

[142] 戴鑫,覃巧用,杨雪,等.创新创业初期成功者的胜任力特征及影响因素——基于2015年"福布斯中国30位30岁以下创业者"的分析[J].教育研究,2016,37(12):89-96,111.

[143] 兰文巧.组织绩效评估视域下高校创新创业教育价值取向的反观与思考[J].黑龙江高教研究,2020,38(9):117-121.

[144] 陈正芹,吴涛.大学生创业教育与自我领导力培育[J].探索与争鸣,2013(12):106-109.

[145] 陈正昌,程炳林,陈新丰,等.多变量分析方法:统计软件应用[M].北京:中国税务出版社,2005.

[146] 陈艳.小微企业创业领导力开发研究——以石河子市科技型小微企业为例[D].石河子:石河子大学,2015.

[147] 陈姗姗.商业模式创新路径研究综述[J].对外经贸,2018(12):83-88.

[148] 陈璐.寻访大学生创业英雄活动:一道亮丽的风景线[N].中国青年报,2017-04-24(05).

[149] 陈立建,黄美初.成人高校创业教育绩效评价及影响因素研究——兼论智能时代创业教育体系的构建[J].远程教育杂志,2019,37(2):90-101.

[150] 陈浩义.基于能力观的科技型新创企业创业过程研究[M].长春:吉林大学出版社,2010.

[151] 陈昊.在线教育背景下大学生创新创业教育有效性研究[D].重庆:重庆交通大学,2014.

[152] 蔡岩松.基于企业生命周期的现金流量预测研究[M].哈尔滨:黑龙江大学出版社,2011.

[153] 韩伟,兰文巧.青年微博语境中的政党认同——基于对"侯聚森-侧卫36"微博评论的NVivo10质性分析[J].中国青年研究,2016(2):78-83,77.

[154] 安美忱.高校创新创业教育"立体化"新模式研究[J].黑龙江高教研究,2020,38(10):108-113.

[155] 塞德曼.质性研究中的访谈:教育与社会科学研究者指南[M].周海涛,译.3版.重庆:重庆大学出版社,2009.

[156] BODOLICA V,SPRAGGON M,BADI H. Extracurricular activities and social entrepreneurial leadership of graduating youth in universities from the Middle East[J]. The international journal of management education,2021,19(2).

[157] ISMAIL V Y,ZAIN E,ZULIHAR,et al. The portrait of entrepreneurial competence on student entrepreneurs[J]. Procedia-social and behavioral sciences,2015,169:178-188.

[158] THORNBERRY N. Lead like an entrepreneur[M]. New York:McGraw-Hill,2006.

[159] TEECE D J. A dynamic capabilities-based entrepreneurial theory of the multinational enterprise[J]. Journal of international business studies,2014,45(1):8-37.

[160] TEECE D J. Explicating dynamic capabilities:the nature and microfoundations of (sustainable) enterprise performance[J]. Strategic management journal,2007,28(13):1319-1350.

[161] SURIE G,ASHLEY A. Integrating pragmatism and ethics in entrepreneurial leadership for sustainable value creation.[J]. Journal of business ethics,2008,81(1):235-246.

[162] SCOTT J M,PENALUNA A,THOMPSON J L. A critical perspective on learning outcomes and the effectiveness of experiential approaches in entrepreneurship education:Do we innovate or implement?[J]. Education and training,2016,58(1):82-93.

[163] REZAEIZADEH M,HOGAN M J,O'REILLY J,et al. Core entrepreneurial competencies and their interdependencies:insights from a study of Irish and Iranian entrepreneurs,university students and academics[J]. International entrepreneurship and management journal,2013,13(1):35-73.

[164] RENKO M,TARABISHY A E,CARSRUD A L,et al. Understanding and measuring entrepreneurial leadership style[J]. Journal of small business management,2015,53(1):54-74.

[165] PREMAND P,BRODMANN S,ALMEIDA R,et al. Entrepreneurship education and entry into self-employment among university graduates[J]. World development,

2016,77(6):311-327.

[166] OOSTERBEEK H,PRAAG M V,IJSSELSTEIN A. The impact of entrepreneurship education on entrepreneurship competencies and intentions: an evaluation of the junior achievement student mini-company program[J]. European economic review,2010,54(3):442-454.

[167] MEHLHORN J,BONNEY L B,FRASER N,et al. Benchmarking entrepreneurship education in U. S. ,Australian,and New Zealand university agriculture programs [J]. Journal of developmental entrepreneurship,2015,20(3):1-13.

[168] MANEN M V. Researching lived experience: human science for an action sensitive pedagogy[M]. 2nd ed. London:Routledge,2016.

[169] MARTIN B C,MCNALLY J J,KAY M J. Examining the formation of human capital in entrepreneurship: a meta-analysis of entrepreneurship education outcomes[J]. Journal of business venturing,2013,28(2):211-224.

[170] LYONS E,ZHANG L. Who does(not) benefit from entrepreneurship programs? [J]. Strategic management journal,2018,39(1):85-112.

[171] LYLE M,SPENCER J,SPENCER S M. Competence at work:models for superior performance[M]. New York:Wiley,1993.

[172] LOI M,CASTRIOTTA M,GUARDO M C D. The theoretical foundations of entrepreneurship education: How co-citations are shaping the field[J]. International small business journal,2016,34(7):948-971.

[173] LINAN F,RODRIGUEZ-COHARD J C,RUEDA-CANTUCHE J M. Factors affecting entrepreneurial intention levels: a role for education[J]. International entrepreneurship and management journal,2011,7(2):195-218.

[174] KURATKO D F. The emergence of entrepreneurship education: development, trends, and challenges [J]. Entrepreneurship theory and practice, 2005, 29 (5): 577-598.

[175] KRIZ W C,AUCHTER E. 10 years of evaluation research into gaming simulation for German entrepreneurship and a new study on its long-term effects[J]. Simulation & gaming,2016,47(2):179-205.

[176] JIAO H,OGILVIE D,CUI Y. An empirical study of mechanisms to enhance entrepreneurs'capabilities through entrepreneurial learning in an emerging market[J]. Journal of Chinese entrepreneurship,2010,2(2):196-217.

[177] IRELAND R D, HITT M A, SIRMON D G. A model of strategic entrepreneurship: the construct and its dimensions [J]. Journal of management, 2003, 29 (6): 963-989.

[178] HAASE H,LAUTENSCHLAGER A. The teachability dilemma of entrepreneurship[J]. International entrepreneurship and management journal, 2011, 7 (2): 145-162.

[179] OKUDAN G E, RZASA S E. A project-based approach to entrepreneurial leadership education[J]. Technovation, 2006, 26(2): 195-210.

[180] GLASER B G, STRAUSS A L. The discovery of grounded theory: strategies for qualitative research[M]. Chicago: Aldine, 1967.

[181] GIUSTINIAN L, CUNHA M P, CLEGG S. The dark side of organizational improvisation: lessons from the sinking of costa concordia[J]. Business horizons, 2016, 59(2): 223-232.

[182] SILVEYRA G, HERRERO A, PEREZ A. Model of teachable entrepreneurship competencies (M-TEC): scale development[J]. The international journal of management education, 2021, 19(1).

[183] GARBUIO M, DONG A, LIN N, et al. Demystifying the genius of entrepreneurship: How design cognition can help create the next generation of entrepreneurs[J]. Academy of management learning & education, 2018, 17(1): 41-61.

[184] GALINDO I. Flip your classroom: reach to every student in every class every day[J]. Teaching theology & religion, 2014, 17(1): 82-83.

[185] FISHER G, KOTHA S, LAHIRI A. Changing with the times: an integrated view of identity, legitimacy, and new venture life cycles[J]. Academy of management review, 2016, 41(3): 383-409.

[186] ESENE R A. Towards improving the strategies of effective teaching of entrepreneurship development education courses to office technology and management students of polytechnics in delta state[J]. Journal of education and practice, 2015, 6(31): 102-107.

[187] DRIESSEN M P, ZWART P S. De e-scan ondernemerstest ter beoordeling van ondernemerschap[J]. Maandblad voor accountancy en bedrijfseconomie, 2006, 80(7/8): 382-391.

[188] MCCLELLAND D C. Testing for competence rather than for "Intelligence"[J]. American psychologist, 1973, 28(1): 1-14.

[189] COVIN J G, SLEVIN D P. The entrepreneurial imperatives of strategic leadership[M]. Oxford: Blackwell Publishers, 2002.

[190] CHELL E, ATHAYDE R. The identification and measurement of innovative characteristics of young people: development of the youth innovation skills measurement tool[R]. London: Nesta, 2009.

[191] CHARMAZ K. Constructing grounded theory: a practical guide through qualitative analysis[M]. London: Sage Publications, 2006.

[192] BOYATZIS R E. The competence manager: a model for effective performance[M]. New York: John Wiley & Sons, Inc., 1982.

[193] BLIEMEL M J. Lessons learned from an inside-out flip in entrepreneurship education[J]. Small enterprise research, 2014, 21(1): 117-128.

[194] BLIEMEL M J. Getting entrepreneurship education out of the classroom and

into students' heads[J]. Entrepreneurship research journal,2014,4(2):237-260.

[195] BARTLETT C A,GHOSHAL S. The myth of the genetic manager:new personal competencies for new management roles[J]. California management review,1997,40(1):92-116.

[196] BAGHERI A,PIHIE Z A L. Role of university entrepreneurship programs in developing students' entrepreneurial leadership competencies:perspectives from Malaysian undergraduate students[J]. Journal of education for business,2013,88(1):51-61.

[197] BAE T J,QIAN S S,MIAO C,et al. The relationship between entrepreneurship education and entrepreneurial intentions:a meta-analytic review[J]. Entrepreneurship theory and practice,2014,38(2):217-254.

附录一 "2015年大学生创业英雄100强"基本情况(部分)

"2015年大学生创业英雄100强"及所创企业情况表

排序	姓名	性别	所在院校	学历	企业名称	成立时间	注册资本(万元)	企业类型	登记状态	创业者职务	重要事项
1	卢成堆	男	桂林理工大学	硕士	温州瓷爵士科技股份有限公司	2010-03	4000	股份有限公司	存续	—	2019年1月,法定代表人由"卢成堆"变更为"李胜勇"
2	王昭赢(王招营)	男	渤海大学	硕士	送姜(北京)信息科技有限公司	2014-12	100	有限责任公司	开业	董事长(自然人股东)	2021年7月被列入经营异常名录,原因为"通过登记的住所或者经营场所无法联系的"
3	郑兴伟	男	西南政法大学	硕士	重庆雅明教育集团(重庆雅明教育科技股份有限公司)	2016-06	3000	股份有限公司	存续	董事(自然人股东)	—
4	段子明	男	吉首大学	本科	湖南惠民支付技术有限公司	2015-07	200	有限责任公司	存续	—	段子明目前担任惠民数字科技有限公司、惠民控股有限公司、深圳惠民数字认证服务中心有限公司等法定代表人
5	王艺颖	女	黄淮学院	专科	河南省创科空间网络科技有限公司	2016-04	100	有限责任公司	注销	CEO	评选申报材料为至尊宝集团,未查到与本人相关的信息;2020年5月8日,河南省至尊宝教育科技有限公司成立,法定代表人为王艺颖

续表

排序	姓名	性别	所在院校	学历	企业名称	成立时间	注册资本（万元）	企业类型	登记状态	创业者职务	重要事项
6	张文刚	男	沈阳工程学院	本科	辽宁零起点润滑油科技有限公司	2014-06	200	有限责任公司	存续	法定代表人	张文刚为公司大股东、实际控制人、最终受益人
7	杨成兴	男	重庆电子工程职业学院	专科	重庆兴狼科技有限公司	2012-06	800	有限责任公司	存续	执行董事兼经理、法定代表人	2018年12月5日，经营范围变更，增加生物制品研发销售、户外活动组织策划、承办经批准的文化交流活动、户外运动咨询服务
8	刘伯敏	男	南京工程学院	本科	南京卓远文化传播有限公司	2012-01	10	有限责任公司	存续	法定代表人	评选申报材料为南京和善园餐饮管理有限公司，未查到与本人相关的信息
9	李尘奇	男	中央财经大学	硕士	寰美易德（北京）国际教育科技有限公司	2013-04	100	有限责任公司	存续	历史股东	2016年9月，法定代表人由"李尘奇"变更为"童帅"；2020年11月，李尘奇退出自然人股东
10	张振华	男	华中农业大学	本科	内蒙古华蒙农牧业开发有限公司	2015-03	500	有限责任公司	存续	执行董事兼经理、法定代表人	—
11	吴学东	男	西安电子科技大学	本科	西安递妞妞信息技术有限公司	2015-04	10	有限责任公司	注销	执行董事兼总经理、法定代表人	注销时间为2017年8月28日
12	洪任龙	男	福州大学	硕士	福州博鸿交易咨询有限公司	—	—	—	—	—	评选申报材料为福州博鸿交易咨询有限公司，未查到与本人相关的信息；洪任龙为福州鑫账房财税咨询有限公司历史股东

续表

排序	姓名	性别	所在院校	学历	企业名称	成立时间	注册资本（万元）	企业类型	登记状态	创业者职务	重要事项
13	张展阁	男	昆明医科大学	本科	四川阁威科技有限公司	—	—	—	—	—	评选申报材料为四川阁威科技有限公司，未查到与本人相关的信息
14	柯艺峰	男	宁波大红鹰学院	本科	建德思途商务酒店有限公司	2014-12	50	有限责任公司	注销	经理、最终受益人	注销日期为2018年1月22日，注销原因为决议解散
15	阚逸龙	男	南京工程学院	本科	南京城市之星网络科技有限公司	2014-11	300	有限责任公司	注销	法定代表人	注销日期为2020年6月29日
16	李雪枫	男	中南大学	本科	长沙速码加信息科技有限公司	2015-06	150	有限责任公司	存续	法定代表人	被列入经营异常名录，原因为2019年、2020年、2021年，未按照《企业信息公示暂行条例》第八条规定的期限公示年度报告
17	陈有明	男	江西农业大学	本科	南昌市云悟文化传媒有限公司	2015-05	500	有限责任公司	存续	监事、自然人股东	2019年1月9日，企业名称变更为江西云悟文化传媒有限公司
18	刘可成	男	四川农业大学	硕士	四川极美农业科技有限公司	2015-03	3000	有限责任公司	存续	—	刘可成目前为四川威玻绿色生态农业开发有限公司项目运营总监
19	侯扬扬	女	黄淮学院	专科	驻马店市开发区扬帆商贸有限公司	2013-07	3	有限责任公司	注销	法定代表人	注销日期为2019年4月3日
20	雷淇源	男	湖北工程学院	本科	湖北卓璞教育咨询有限公司	2015-01	100	有限责任公司	存续	监事	显示经营异常，原因为2019未按照《企业信息公示暂行条例》第八条规定的期限公示年度报告
43	尚晓辉	男	上海第二工业大学	本科	上海虞衡文化传播有限公司	2015-05	130.719	有限责任公司	存续	董事长、法定代表人、大股东、实际控制人、最终受益人	—

注：(1)排序的序号指"2015年大学生创业英雄100强"评选时，企业创始人在榜单中的排位；
(2)相关企业可在企查查、爱企查、国家企业信用信息公示系统等网站查询到，信息统计截至2021年8月10日。

附录二 "大学生创业英雄"结构化访谈提纲

一、您是什么时候开始创业的?当初为什么选择毕业就创业?

二、公司现在处于什么样的运营状况(企业概况)?

三、创业初期,您觉得最困难的地方在哪里?

四、您本人在创业过程中面临的最大困惑(困难)是什么?对于公司经营,您本人现在急需做的是什么?

五、您觉得要想创业成功,需要具备什么素质(或做好哪些准备)?

六、您在大学期间学习的哪些课程(或参加的哪些活动)对您创业有帮助?

七、您觉得大学期间的哪些方面对您现在经营企业仍有帮助?

八、您觉得创业能力(或经营企业的能力)可否从大学养成?

九、您认为有效的创业教育是什么样的?谁可以发挥更大的作用?

十、对于大学生创业者,您最想对他们说什么?

附录三 创业企业不同发展阶段创业领导力观测量表[①]

尊敬的创业者:

您好!非常感谢您对本问卷调查的支持!以下问题请您按真实意愿填写。量表结果仅作为学术研究使用,对创业者本人及企业经营不会产生任何影响,请您放心填写。

一、学校创业教育认知部分

请您回想在校期间的情况,对下表中陈述句进行阅读后,按您的同意程度在数字上打"√",1 为完全不同意,10 为完全同意。

学校创业教育认知观测量表

句意内容	同意程度
1.学校支持学生创业的政策齐全。	1 2 3 4 5 6 7 8 9 10
2.学校教授创业的老师水平高。	1 2 3 4 5 6 7 8 9 10
3.学校开设的创业课程种类多。	1 2 3 4 5 6 7 8 9 10
4.学校举办的创业活动形式多样。	1 2 3 4 5 6 7 8 9 10
5.学校支持学生创业的平台丰富。	1 2 3 4 5 6 7 8 9 10

二、创业者创业领导力自我认知部分

请您结合自己的情况,对下表中陈述句进行阅读后,按您的同意程度在数字上打"√",1 为完全不同意,10 为完全同意。

企业初创期创业领导力观测量表

句意内容	同意程度
1.我清楚自己为什么要创业。	1 2 3 4 5 6 7 8 9 10
2.我清楚自己的性格是否适合创业。	1 2 3 4 5 6 7 8 9 10
3.我清楚自己有什么优点和不足。	1 2 3 4 5 6 7 8 9 10

---

① 此量表按企业初创期、企业存活期、企业成长期时间点进行发放,经分析创业者所创企业处于哪一阶段后,有针对性地发放。因问卷测试主题相同,测试内容相似,故将题项综合到一张量表中进行展示。

续表

句意内容	同意程度
4. 别人对我的评价和我对自己的评价是一致的。	1 2 3 4 5 6 7 8 9 10
5. 我有至少一个可以寻求创业建议的领导者或朋友。	1 2 3 4 5 6 7 8 9 10
6. 我擅长改善和他人的关系。	1 2 3 4 5 6 7 8 9 10
7. 我知道谁能和我形成合作或竞争关系。	1 2 3 4 5 6 7 8 9 10
8. 我擅长和别人建立长期的关系。	1 2 3 4 5 6 7 8 9 10
9. 我不害怕和别人产生冲突。	1 2 3 4 5 6 7 8 9 10
10. 我擅长激励团队成员。	1 2 3 4 5 6 7 8 9 10
11. 我的团队成员愿意追随我。	1 2 3 4 5 6 7 8 9 10
12. 我的创业压力小。	1 2 3 4 5 6 7 8 9 10
13. 我身边有愿意帮助我实现创业愿景的人。	1 2 3 4 5 6 7 8 9 10
14. 当有争议时我会暂时搁置。	1 2 3 4 5 6 7 8 9 10
15. 我喜欢做决策。	1 2 3 4 5 6 7 8 9 10
16. 我做的决策帮助我实现了创业目标。	1 2 3 4 5 6 7 8 9 10
17. 我喜欢引领变革。	1 2 3 4 5 6 7 8 9 10
18. 我引领了企业的很多变革。	1 2 3 4 5 6 7 8 9 10
19. 我熟悉企业管理相关理念。	1 2 3 4 5 6 7 8 9 10
20. 我喜欢读有关创业者的故事。	1 2 3 4 5 6 7 8 9 10
21. 我管理企业游刃有余。	1 2 3 4 5 6 7 8 9 10

注：企业初创期创业领导力观测量表中，题项1～3测试创业者自我觉察能力，题项4～8测试创业者建立关系能力，题项9～13测试创业者激励他人能力，题项14～18测试创业者引领变革能力，题项19～21测试创业者掌握企业经营基本原理能力。

企业存活期创业领导力观测量表

句意内容	同意程度
1. 我清楚自己的性格是否适合创业。	1 2 3 4 5 6 7 8 9 10
2. 我清楚自己有什么优点和不足。	1 2 3 4 5 6 7 8 9 10
3. 别人对我的评价和我对自己的评价是一致的。	1 2 3 4 5 6 7 8 9 10
4. 我有至少一个可以寻求创业建议的领导者或朋友。	1 2 3 4 5 6 7 8 9 10
5. 我擅长改善和他人的关系。	1 2 3 4 5 6 7 8 9 10
6. 我知道谁能和我形成合作或竞争关系。	1 2 3 4 5 6 7 8 9 10
7. 我擅长和别人建立长期的关系。	1 2 3 4 5 6 7 8 9 10
8. 我不害怕和别人产生冲突。	1 2 3 4 5 6 7 8 9 10

续表

句意内容	同意程度
9. 我擅长激励团队成员。	1　2　3　4　5　6　7　8　9　10
10. 我的团队成员愿意追随我。	1　2　3　4　5　6　7　8　9　10
11. 我的经营压力小。	1　2　3　4　5　6　7　8　9　10
12. 我身边有愿意帮助我实现创业愿景的人。	1　2　3　4　5　6　7　8　9　10
13. 当有争议时我会暂时搁置。	1　2　3　4　5　6　7　8　9　10
14. 我喜欢做决策。	1　2　3　4　5　6　7　8　9　10
15. 我做的决策帮助我实现了创业目标。	1　2　3　4　5　6　7　8　9　10
16. 我喜欢引领变革。	1　2　3　4　5　6　7　8　9　10
17. 我引领了企业的很多变革。	1　2　3　4　5　6　7　8　9　10
18. 我熟悉企业管理相关理念。	1　2　3　4　5　6　7　8　9　10
19. 我喜欢读有关创业者的故事。	1　2　3　4　5　6　7　8　9　10
20. 我管理企业游刃有余。	1　2　3　4　5　6　7　8　9　10
21. 我想带领企业实现转型。	1　2　3　4　5　6　7　8　9　10

注：企业存活期创业领导力观测量表中，题项1～3测试创业者自我觉察能力，题项4～8测试创业者建立关系能力，题项9～12测试创业者激励他人能力，题项13～17测试创业者引领变革能力，题项18～21测试创业者掌握企业经营基本原理能力。

企业成长期创业领导力观测量表

句意内容	同意程度
1. 我清楚自己的性格是否适合一名企业家。	1　2　3　4　5　6　7　8　9　10
2. 我清楚自己有什么优点和不足。	1　2　3　4　5　6　7　8　9　10
3. 别人对我的评价和我对自己的评价是一致的。	1　2　3　4　5　6　7　8　9　10
4. 我有至少一个可以寻求经营建议的领导者或朋友。	1　2　3　4　5　6　7　8　9　10
5. 我擅长改善和他人的关系。	1　2　3　4　5　6　7　8　9　10
6. 我知道谁能和我形成合作或竞争关系。	1　2　3　4　5　6　7　8　9　10
7. 我擅长和别人建立长期的关系。	1　2　3　4　5　6　7　8　9　10
8. 我不害怕和别人产生冲突。	1　2　3　4　5　6　7　8　9　10
9. 我擅长激励团队成员。	1　2　3　4　5　6　7　8　9　10
10. 我的团队成员愿意追随我。	1　2　3　4　5　6　7　8　9　10
11. 我的经营压力小。	1　2　3　4　5　6　7　8　9　10
12. 我身边有愿意帮助我实现企业愿景的人。	1　2　3　4　5　6　7　8　9　10
13. 当有争议时我会暂时搁置。	1　2　3　4　5　6　7　8　9　10

续表

句意内容	同意程度
14.我喜欢做决策。	1 2 3 4 5 6 7 8 9 10
15.我做的决策帮助我实现了经营目标。	1 2 3 4 5 6 7 8 9 10
16.我喜欢引领变革。	1 2 3 4 5 6 7 8 9 10
17.我引领了企业的很多变革。	1 2 3 4 5 6 7 8 9 10
18.我熟悉企业管理相关理念。	1 2 3 4 5 6 7 8 9 10
19.我喜欢读有关创业者的故事。	1 2 3 4 5 6 7 8 9 10
20.我管理企业游刃有余。	1 2 3 4 5 6 7 8 9 10
21.我带领企业实现了转型。	1 2 3 4 5 6 7 8 9 10

注：企业成长期创业领导力观测量表中，题项1～3测试创业者自我觉察能力，题项4～8测试创业者建立关系能力，题项9～12测试创业者激励他人能力，题项13～17测试创业者引领变革能力，题项18～21测试创业者掌握企业经营基本原理能力。

后　　记

　　行文至此，潸然泪下。在本书攻坚阶段的一两个月，用一句很流行的网络用语来说，就是"鬼知道我经历了什么"。值得庆幸的是，我坚持下来了，感谢那么一点点学术自信和那么一点点面对困难的韧性支撑我完成了书稿。

　　感谢国家社会科学基金为本书出版提供经费支持。

　　感谢我的导师，本书能够出版，离不开导师的大力支持，能有一位老师在我毕业多年之后仍毫无保留地为我提供学术上的支持和指导，何其有幸又何其不幸：有幸的是，老师对学生"不离不弃"；不幸的是，除了心里感恩，我没有能力为老师做点什么。

　　感谢引领我走上学术道路的朴教授。毕业多年后，我与朴老师以"亦师亦友"的方式相处着，他曾直白地说我"因为'贪恋'行政领导职务而耽误了学术造诣修炼"；也曾在我松懈时"警告"我"打起百倍精神，因为完成此项课题需要付出的精力不亚于念完博士"；他还曾在我愁眉苦脸难以推进研究时，催促我"快点，别浪费时间，赶紧写，赶紧发论文"……在我与他进行学术探讨之时，朴老师多半会说不好听的话，可是，我愿意听这些话，这些话让我进步，也敦促我完成了本书。

　　感谢本书的调研对象张文刚、张振华、尚晓辉、段子明、马崇文、吴学东、阚逸龙、唐虎、吴雅倩等。虽然你们之前不认识我，也不认识课题组其他老师，只因对学校老师的感情和对老师这一职业的信任，事业有成的你们没有怠慢任何一位陌生老师的邀约，在调研过程中知无不言，真诚袒露。当想在附录中放上与你们合影的照片时，才发现当时由于匆忙或过于兴奋，忘了合影，多少有些遗憾。谢谢你们，没有你们，本书难以完成。

　　感谢课题组成员赵琰、杨小溪、袁少锋、杜娟、王星月、杜娇娇、张文刚所做的工作。本书发现了团队合作在大学生创业成长中的意义，而本书的完成，也发现了研究团队在教师学术成长中的作用。

　　感谢广东人民出版社王庆芳编辑，这本书能经王编辑之手出版，是本书的荣幸，也是我的荣幸。与王编辑的沟通交流都是通过微信进行的，微信里的每一条语音、每一行文字、每一条朋友圈，都让我感觉到王编辑是一个豪爽大方、幽默有趣的大美女，而王编辑对书稿的编辑、印制、出版问题的处理更如她的性格，豪爽幽默又精益求精。

　　感谢我的父母。为了不打扰我"闭门修书"，远隔千里的他们出了意外，宁可独自住院也不告诉我消息，只是因为担心影响我的写作情绪和写作进度。完成了本书，也算是对父母无私支持子女那一片苦心的自我"安慰"和"交代"。

　　特别感谢我的儿子提提。在本书攻坚阶段，正值暑假，提提爸有事出远门且受疫情隔离，本以为能得到后勤支持的我，反而"杂务"缠身，其实，这杂务，就是辅导孩子作业，给孩子洗衣做饭,收拾家务。可是,为了完成书稿,我对孩子耐心全无,情绪阴晴不定,甚至在沉迷写作之时让他自己煮方便面对付餐食。这让我想起十年前完成博士论文之时,儿子牙牙学语,我关上书房门专心写作,任他在外呼叫"妈妈""妈妈""我要妈妈""妈妈抱抱"。同样的场景,十年后又换一种方式出现。可是,他让我很感动,在几天前一次漫无目的的聊天中,提提跟我说:"妈妈,我觉得你是一位成功的妈妈,很会教育孩子。"我问他为什么,他回答:"我做的阅读理解书里,对成功妈妈的描述,成功妈妈有的那些特点,我觉得你都有。"儿子,书稿攻坚的最后阶段,我如此疏忽你,何德何能、何其荣幸得到你这么高的评价!谢谢你,我的儿子,这本书也献给你。

  课题立项之后,其间因到基层挂职锻炼,事务繁杂,研究进程几乎停滞。重新启动研究之时,又逢行政工作、社会兼职繁重,研究效率有所降低,加之自身学习不够,研究成果也未能达到设想之高度,多少有些遗憾。所幸遗憾中小有安慰,"逼迫"自己完成了本书书稿,也帮助自己重拾了学术热情。待本书正式出版,我也进入不惑之年,愿以本书为契点,带我进入不惑的世界——学习不惑,生活不惑,事业不惑……

  "道阻且长,行则将至;行而不辍,未来可期。"愿与阅书至此的朋友们在学术之路上共勉!

兰文巧
2022 年 9 月